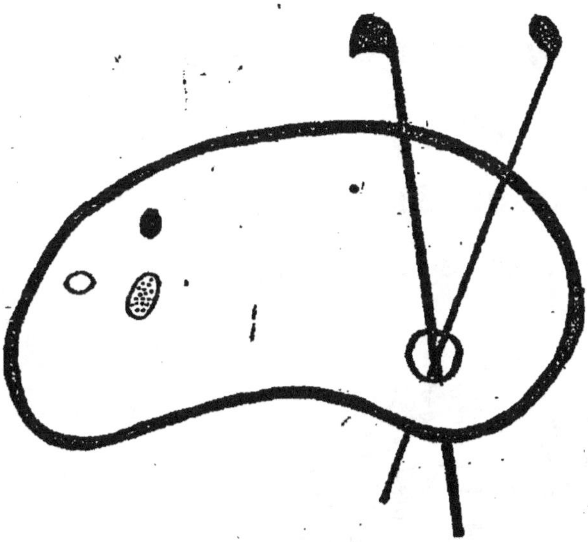

DEBUT D'UNE SERIE DE DOCUMENTS
EN COULEUR

LA MESSE

Etude philosophique et théologique

PAR

M. l'abbé BRETON

Supérieur du Petit Séminaire de Brive.

PARIS
LIBRAIRIE BLOUD ET Cie
4, RUE MADAME, ET RUE DE RENNES, 59

1904

SCIENCE ET RELIGION

Études pour le temps présent. — Prix 0 fr. 60 le vol.

208 *La Bible et l'Orientalisme :* **La Bible et l'Egyptologie**, par
V. ERMONI.. 1 vol.
209 DU MÊME AUTEUR : *La Bible et l'Orientalisme :* **La Bible et
l'Assyriologie**.. 1 vol.
210 *Les Grands Philosophes :* **H. Taine**, par Michel SALO-
MON .... 1 vol.
211 **Apologie du Culte catholique**, par le chan. MOUSSARD 1 vol.
212 **Symbolisme du Culte catholique**, par A. SAUBIN.. 1 vol.
Les Bases anatomo-physiologiques de la psychologie, par
le D' E. BALTUS, professeur à la Faculté libre de Lille. — Intro-
duction par E. PEILLAUBE............................... 2 vol.
213-214 *Le Système nerveux*, 13 gravures.   Prix : 1 fr. 20.
215 *Le Cerveau.* Deux gravures........................... 1 vol.
216 **L'Influence de saint François d'Assise sur la civilisation
et les arts**, par Alphonse GERMAIN.................. 1 vol.
217 **La Liberté de penser et la Libre pensée**, par le Châ-
noine CANET... 1 vol.
218 **La Science de l'Invisible ou le Merveilleux naturel
et la Science moderne**, par le P. HILAIRE DE BARENTON,
O. M. C... 1 vol.
219-220 **Les Catacombes de Rome**, *Histoire et description*, d'après
les documents les plus récents, par André BAUDRILLART, Agrégé de
l'Université. *Ouvrage orné de 27 gravures.* 2 vol. Prix : 1 fr. 20
221 **Les Missions protestantes à la fin du XIX° siècle**, par
l'abbé PISANI, docteur ès lettres..................... 1 vol.
222 **Un Miracle contemporain** (*Pierre de Rudder*), par Alfred DES-
CHAMPS. S. J., Docteur en médecine et en sciences naturelles. 1 vol.
223 **La Pénitence publique dans l'Eglise primitive**, par M. l'abbé
VACANDARD .... 1 vol.
224 *Du même auteur :* **La Confession sacramentelle dans la
primitive Eglise**..................................... 1 vol.
225 **Jeanne d'Arc a-t-elle abjuré au cimetière de Saint-Ouen ?**
— *La vérité sur le Drame du 24 Mai 1431, d'après les conclusions
présentées à Paris au Congrès des Sociétés Savantes, le 1er Avril
1902*, par M. l'abbé Ph.-H. DUNAND................... 1 vol.
226 **Philosophie de la prière**, par J.-J. GONDAL..... 1 vol.
227 *Les grands Ordres religieux :* **La Compagnie de Jésus**, par
A. BROU... 1 vol.
228 *Les grands Ordres religieux :* **Les Bénédictins**, par DOM
BESSE, O. S.B.. 1 vol.
229 *Les grands Ordres religieux :* **Les Franciscains en France**,
par le R. P. HILAIRE DE BARENTON, *O. M. C*............ 1 vol.
230 **Le Drame religieux au moyen âge**, par Marius SE-
PET.. 1 vol.
231 **La Mortification chrétienne et la Vie.** *Etude apologétique*,
par A. CHABOT, vicaire général de Luçon............... 1 vol.
232 **Les Elus dans l'Eglise et hors de l'Eglise**, par M. l'abbé
LAXENAIRE... 1 vol.
233 *Questions de droit civil et ecclésiastique :* **Mariage civil et
Divorce.— Deux éléments de ruine sociale**, par René LEMAIRE,
docteur en droit, lauréat de la Faculté de droit de Paris. 1 vol.
234 **L'Art chrétien en France.** (Sculpture, Peinture, Mobilier
d'église, etc.) *Des origines au XVI° siècle*, par M.A. GERMAIN 1 vol.
235 **Si toutes les Religions se valent ?** par J. BRUGERETTE 1 vol.
336 *Les Grands Philosophes.* **E. Kant**, par E. BEURLIER, professeur
agrégé de philosophie .... 1 vol.
237 **La Franc-Maçonnerie, secte Juive née du Talmud.** *Ses
origines, ses progrès, son rôle politique, sa haine de l'Eglise*, par
I. BERTRAND... 1 vol.

238 **Une loi injuste oblige-t-elle en conscience ?** par A. BELAN-
GER.. 1 vol.

239 240 **L'Immaculée-Conception.** *Courte histoire d'un dogme,* par
Xavier-Marie LE BACHELET, *S. J.*   2 vol. Prix : 1 fr. 20

241 **L'Etat, sa nature et ses fonctions,** par le R. P. CALMES   1 vol.

242 243 **Les conditions modernes de l'accord entre la Foi et
la Raison,** par M. l'abbé de Broglie, avec préface par le R. P. LAR-
GENT... 2 vol. Prix : 1 fr. 20

244 **La Primauté de l'évêque de Rome dans les trois premiers
siècles,** par V. ERMONI.. 1 vol.

245 **Du Mensonge proprement dit et du Droit à la Vérité,** par
un PROFESSEUR DE THÉOLOGIE................................... 1 vol.

246 *Un Etat dans l'Etat :* **Les Protestants français sous
Henri IV,** par Joseph DENAIS-DARNAYS.................. 1 vol.

247 *Questions de Droit civil et ecclésiastique.* **De la Location des
sièges d'église,** par l'abbé Lucien CROUZIL .... 1 vol.

248 *Histoire du Credo.* **Le Symbole des Apôtres,** par V. ER-
MONI.. 1 vol.

249 **Le Catholicisme en Russie,** par I. L. GONDAL. ...... 1 vol.

250 **Les Instructions secrètes des Jésuites.** *Etude critique,* par
le R. P. BERNARD, *S. J.*... 1 vol.

251 **L'Abstention religieuse dans le temps présent,** par le Chanoine R. PLANEIX .... 1 vol.

252 **La Christianisation des Foules.** *Etude sur la fin du paga-
nisme populaire et sur le culte des Saints,* par Albert DUFOURCQ,
professeur chargé de Cours à l'Université de Bordeaux, docteur ès
lettres.. 1 vol.

253 **La Charité aux premiers siècles du Christianisme,** par
André BAUDRILLART, Agrégé de l'Université.............. 1 vol.

254 **La Dépopulation en France : ses causes et ses remèdes,**
d'après les travaux les plus récents, par Henry CLÉMENT.   1 vol.

255 *Les Grands Philosophes.* **Auguste Comte,** sa vie et sa doctrine,
par Michel SALOMON... 1 vol.

256 *Les Erreurs du Protestantisme.* — **Luthériens et Grecs-
Orthodoxes,** par Dom Paul RENAUDIN. *O. S. B*........ 1 vol.

257 **La Famille fait l'Etat.** *Etude sur la formation de la société
antique et de la société moderne,* par Frantz FUNCK BREN-
TANO.. 1 vol.

258 *Du même auteur :* **Grandeur et Décadence des Aristo-
craties.. 1 vol.

259 *Du même auteur :* **Grandeur et Décadence des classes
moyennes.. 1 vol.

260 261 **La Persécution religieuse en Allemagne** (1872-1879), par
le R. P. BERNARD, *S. J.* 2 volumes in-12, prix : 1 fr. 20.
Chaque volume se vend séparément.

I. *Les Congrégations*... 1 vol.

II. *Le Clergé et les Catholiques*............................ 1 vol.

262 *Les Ordres Religieux Contemporains.* — **Les Salésiens.
L'Œuvre de Dom Bosco,** par le comte FLEURY........ 1 vol.

263 **Le Renouvellement intellectuel du Clergé au XIX° siècle.
— Les Hommes. — Les Institutions,** par le R. P. Alfred BAU-
DRILLART, professeur à l'Institut catholique de Paris.... 1 vol.

264 *Études de sociologie :* **Le Salaire,** par L. GARRIGUET, supérieur
du grand séminaire d'Avignon.............................. 1 vol.

Imp. des Orph.-Appr. d'Auteuil. F. Blétit, 40, rue La Fontaine, Paris.

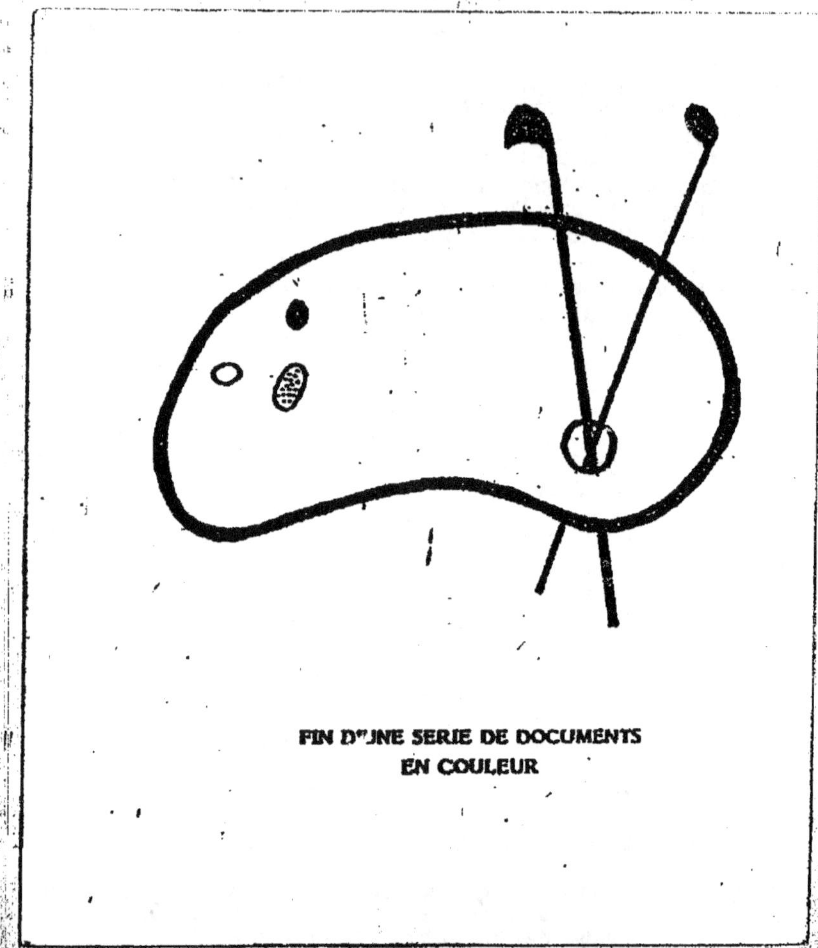
FIN D''JNE SERIE DE DOCUMENTS
EN COULEUR

SCIENCE ET RELIGION
Études pour le temps présent

LA MESSE

Etude philosophique et théologique

PAR

M. l'abbé BRETON

Supérieur du Petit Séminaire de Brive.

PARIS

LIBRAIRIE BLOUD ET Cie

4, RUE MADAME ET RUE DE RENNES, 59

—

1904

IMPRIMATUR :

———

Tutelæ, die 20ᵉ Januarii 1904.

† H. C. D. Dénéchau,
Ep. Tutel.

LA MESSE

CHAPITRE PREMIER

Le Sacrifice du Calvaire.

Le sacrifice du Calvaire perpétué sous une forme mystique jusqu'à la fin des temps : voilà essentiellement la Messe. La victime qui y est offerte, c'est Notre-Seigneur Jésus-Christ, et il s'offre lui-même. Les intentions qui l'animent à l'autel sont celles qu'il avait sur la croix : glorifier son Père, en lui offrant, au nom de toutes les créatures, le culte qu'elles lui doivent et qu'elles sont incapables de lui rendre, et puis sauver les hommes qui ne peuvent l'être que par lui.

« Toute la nature veut honorer Dieu, et adorer son principe autant qu'elle en est capable. La créature privée de sentiment et de raison n'a point de cœur pour l'aimer, ni d'intelligence pour le comprendre : « Ainsi, ne pouvant connaître, tout ce qu'elle peut, dit saint Augustin, c'est de se présenter elle-même à nous pour être du moins connue, et pour nous faire connaître son divin auteur. C'est pour cela qu'elle étale à nos yeux, avec tant de magnificence son ordre, ses diverses opérations et ses infinis ornements. Elle ne peut voir, elle se montre ; elle ne peut adorer, elle nous y porte ; et ce Dieu qu'elle n'entend pas, elle ne nous permet pas de l'ignorer. C'est ainsi qu'imparfaitement et à sa manière, elle glorifie le Père céleste (1). »

---

(1) Bossuet, *Sur le culte dû à Dieu.* (Ed. Lebarq.)

L'homme, « animal divin, » plein de raison et d'intelligence, est, au sein du monde visible, la seule créature qui soit capable de connaître Dieu, « en esprit et en vérité ».

« Le rapport de la créature au Créateur est la fin essentielle de la création ; car Dieu se doit tout à lui-même et n'a pu rien créer que pour lui (1). » Il faut donc que l'homme « rapporte » à Dieu seul, tout ce qu'il est, puisque Dieu n'a rien mis en l'homme, que pour lui seul. Ce rapport de tout l'être de l'homme à Dieu, c'est la religion, c'est le culte en esprit et en vérité, que Dieu exige de sa créature. Toujours le même au fond, il revêt quatre formes principales selon le point de vue sous lequel la créature envisage son Créateur : il s'appelle tour à tour l'adoration, l'action de grâces, la prière et la pénitence. Tantôt, contemplant avec admiration Celui qui est, l'homme reconnaît en Dieu la plus haute souveraineté, en lui-même la plus profonde dépendance, *il adore ;* tantôt, ému de la magnificence de Dieu qui tire de son sein immense tout ce que possèdent les créatures, et qui ne se lasse jamais de le combler de ses bienfaits par pure bonté, *il rend grâces ;* tantôt, le sentiment de sa misère lui fait lever les yeux vers son « Père qui est aux cieux » et de qui il attend tout ce qu'il espère, comme il en a déjà reçu tout ce qu'il a, *il prie ;* tantôt, enfin, confessant qu'il a péché, il s'efforce d'apaiser la justice de Dieu par son repentir, *il fait pénitence.* Sans doute le sentiment religieux est complexe et changeant comme la vie ; il se teint de nuances infinies, pour lesquelles aucune langue humaine ne saurait avoir assez de noms. Cependant, quel qu'il soit, on y retrouve toujours, au fond, un des quatre éléments que nous venons d'indiquer. Dès que l'homme élève son âme à Dieu, c'est toujours ou pour reconnaître son souverain domaine, ou pour le remercier de ses bienfaits, ou pour im-

(1) Fénelon, *Lettre III sur la Religion.*

plorer ses faveurs, ou pour lui demander pardon. Quant au caractère fondamental du culte de Dieu, quelle qu'en soit la forme, il est tout entier dans l'amour. « La nation des justes, dit l'Écriture, n'est qu'obéissance et amour, » et saint Augustin : « on n'honore Dieu qu'en l'aimant. » Aimer Dieu, c'est proprement vouloir ce que Dieu veut et préférer la volonté de Dieu à ce que nous appelons nos intérêts. Quand nous le prions, si notre prière est humble et vraie, nous venons à lui, non « pour le faire entrer dans nos sentiments, mais pour entrer dans l'ordre de ses conseils. » « Que votre volonté soit faite » : voilà le fond de toute prière chrétienne.

L'homme, esprit et corps, traduit naturellement par des signes extérieurs les sentiments qui l'animent ; il lui est même à peu près impossible de les contenir longtemps dans son cœur. Le sentiment religieux s'exprime donc comme tous les autres, par des actes sensibles. Bien plus, vivant en société, les hommes s'associent pour le culte de Dieu, comme pour tout le reste : de là les assemblées, les prêtres qui les président, les prières, les cérémonies faites en commun.

Mais, de tous les signes religieux, le sacrifice est le plus parfait. C'est même le seul qui exprime le fond essentiel de la religion, c'est-à-dire l'acte volontaire par lequel l'homme « rapporte » à Dieu tout ce qu'il a et tout ce qu'il est. En offrant un sacrifice, l'homme dit à Dieu en substance : « Je vous immole cette victime, non que vous ayez besoin de mes biens, ils viennent de vous, mais pour confesser votre souveraineté absolue : je vous dois tout, j'ai tout reçu de vous, je n'attends rien que de vous, je vous donne la seule chose que je sois libre de vous offrir, mon cœur, dont cette victime est le symbole. » Voilà le sens et le but du sacrifice. Nous nous anéantissons par substitution, devant Dieu, pour affirmer que Dieu est tout et que nous ne sommes rien, que nous sommes, non à nous, mais à Celui qui nous a faits : encore une fois, dans cet aveu, est toute la religion, tout le culte de Dieu.

Mais parce que l'homme a péché, parce qu'il est déchu de l'état où Dieu l'avait créé, l'idée qui l'inspire surtout dans le sacrifice, c'est l'idée d'expiation, c'est le désir d'effacer son péché, et de remonter à l'état dans lequel il a été créé. La doctrine de la substitution dans l'expiation a été universellement reconnue ; les hommes ont partout et dans tous les temps, versé le sang des victimes dans l'espoir d'apaiser la justice de Dieu. « Rien n'est plus frappant dans la loi de Moïse que l'affectation constante de contredire les cérémonies païennes, et de séparer le peuple hébreu de tous les autres par des rites particuliers ; mais sur l'article des sacrifices, il abandonne son système général, il se conforme au rite fondamental des nations ; et non seulement il s'y conforme, mais il le renforce, au risque de donner au caractère national, une dureté dont il n'avait nul besoin.

Il n'y a pas une des cérémonies prescrites par ce fameux législateur, et surtout il n'y a pas une purification même physique, qui n'exige du sang. La racine d'une croyance aussi extraordinaire et aussi générale doit être bien profonde (1). »

Il ne faut pas la chercher ailleurs que dans une révélation primitive. Aussitôt après la chute de notre premier père, Dieu lui montra dans l'avenir la rédemption par le sang de son Fils et lui enseigna, en même temps, à entretenir l'espérance de ce mystère par des sacrifices répétés. Le genre humain put bien oublier le sacrifice dont il avait besoin et chercher dans le sang des taureaux et des génisses une purification qu'il ne devait pas y trouver. Cependant, tous les peuples, en confessant plus ou moins clairement la chute, confessaient aussi le besoin et la nature du remède ; en multipliant sans fin les sacrifices, ils en reconnaissaient l'insuffisance et ils appelaient de leurs vœux, sans

(1) J. de Maistre, *Eclaircissement sur les sacrifices.*

l'entrevoir encore, le sacrifice véritablement expiatoire, la réparation définitive d'un amour infini.

Les sacrifices de la loi mosaïque avaient expressément ce caractère figuratif et prophétique. Le législateur des Juifs les avait établis, sous l'inspiration divine, principalement en vue de représenter et d'annoncer le grand mystère de l'avenir, la mort de Jésus-Christ sur la croix. « D'où vient, dit Bossuet, tant de sang répandu dans les cérémonies anciennes, sinon pour représenter le sang de Jésus ? Pourquoi est-ce que par le sang de l'agneau, le peuple est délivré du glaive vengeur qui désola les maisons des Égyptiens ? Pourquoi est-ce que l'alliance est signée et ratifiée par le sang ? Pourquoi n'y a-t-il point d'entrée dans le sanctuaire, si le pontife n'a les mains teintes du sang des victimes ? Pourquoi les crimes sont-ils expiés, les pontifes et leurs vêtements consacrés par le sang versé dans le sacrifice ? Le sang des animaux égorgés était-il suffisant pour apaiser Dieu, était-il capable de purifier l'homme ? Si ce n'est pour nous faire entendre qu'il n'y a ni délivrance, ni consécration, ni alliance, ni expiation que par le sang de l'Agneau sans tache, « qui a été, dit saint Jean, tué dès l'origine du monde, » tué, dis-je, dès l'origine du monde, parce que dès l'origine du monde, sa mort a été figurée par une multitude de sacrifices sanglants (1). »

L'Épître aux Hébreux est, pour ainsi dire, consacrée tout entière au développement de cette vérité. Après avoir été, durant des siècles et dans tout l'univers, symbolisé, prédit, attendu, le sacrifice véritable fut accompli. Un jour donc, le Fils de Dieu entrant dans le monde, dit à son Père : « Vous n'avez point voulu d'hostie ni d'oblation ; mais vous m'avez formé un corps pour être une digne victime de votre majesté suprême ; vous n'avez point agréé les holocaustes qu'on vous offre pour le péché. » Alors, j'ai dit : « Me

(1) Bossuet, *Sur les deux Alliances.*

voici, je viens selon ce qu'il est écrit de moi, dans le Livre de la Loi et des Prophètes, pour faire votre volonté, pour être immolé à votre justice. Et c'est la volonté de Dieu qui nous a sanctifiés par l'oblation du corps de Jésus-Christ, faite une fois sur le Calvaire (1). » Ces paroles n'ont pas besoin de commentaire ; la doctrine de la rédemption y est clairement exposée. On y voit et la raison et l'insuffisance des sacrifices anciens, et la nécessité et les effets du sacrifice de Jésus-Christ. « En vain les hommes, effrayés par le sentiment de leurs crimes, cherchent des victimes et des holocaustes pour les subroger en leur place. Dussent-ils massacrer tous leurs troupeaux et les immoler à Dieu, devant ses autels, il n'est pas possible que la vie des bêtes paye pour la vie des hommes. La compensation n'est pas suffisante : *Impossibile est sanguine taurorum et hircorum auferri peccata* (2). De sorte que ceux qui offraient de tels sacrifices faisaient bien, à la vérité, une reconnaissance publique de ce qu'ils devaient à la justice divine ; mais ils n'avançaient pas pour cela le paiement de leurs dettes. Il fallait qu'un homme payât pour les hommes (3). »

Mais où est l'homme assez pur pour effacer les péchés de ses frères ? Où est l'homme assez grand pour oser dire à Dieu : « Donnez-moi, en échange de ma vie, le salut de mes frères. » Non, nulle créature n'est capable de réparer l'injure infinie qu'elle a faite à Dieu : « Nul ne peut se racheter lui-même, ni rendre à Dieu le prix de son âme. » « Il peut s'engager à sa justice ; mais il ne peut plus se retirer de la servitude ; il ne peut payer que par sa mort (4) ».

N'étions-nous pas tous doublement vendus par le

(1) *Épître aux Hébreux,* x, 5-10.
(2) Hébr., x, 4.
(3) Bossuet.
(4) Bossuet, *Carême des Carmélites, Vendredi Saint.*

péché, à Satan auquel nous appartenions comme des esclaves qu'il avait vaincus, à la justice divine à laquelle nous appartenions comme des victimes dues à sa vengeance?

Il fallait donc que l'homme qui mourrait pour les hommes, quoique issu du même sang, fût innocent et sans tache, et qu'il pût égaler la satisfaction à l'injure. C'est pour cela qu'un Dieu s'est fait homme. « Le Seigneur n'a commis aucun péché (1) », et « il s'est immolé parce qu'il l'a voulu (2). » Parce qu'il était le Fils de Dieu trois fois saint, il a pu « prendre sur lui les péchés de nous tous » et, « en se sacrifiant une fois, effacer les péchés de tous. » « L'auteur de la vie a été mis à mort (3) », « Dieu a donné sa vie pour nous (4) », et nous avons été justifiés en Jésus-Christ, « que Dieu a proposé comme victime expiatoire, par la foi en son sang (5). » « Le Christ est mort pour tous ; car il n'y a pas en Dieu, acception de personne (6). »

Si la vertu puissante de ce sacrifice a dû remplir tous les lieux, elle a dû répandre aussi dans tous les temps l'espérance du pardon. Jamais Dieu n'a commandé le désespoir, et les âmes perdues ne sont plus de la terre. Jamais on n'a cru qu'à aucune époque, pas même lorsque le gouffre de l'iniquité a été le plus large et le plus profond, la miséricorde divine se soit arrêtée dans son cours, comme un fleuve qui se perd dans un abîme ; et puisque ce sacrifice perpétuellement pressenti était pour le genre humain la source de toute grâce, cette expiation a dû sauver ceux qui attendaient sa réalisation extérieure, comme ceux qui en

(1) I Petr., II, 22.
(2) Isaïe, LIII, 4-12.
(3) Act., III, 15.
(4) S. Joan., III, 16.
(5) Rom., III, 25.
(6) Ep. Cor. II, v, 15 ; Rom., II, 11.

auraient connu l'accomplissement. Tous les anciens justes sont morts dans la foi ; et s'ils n'ont pas été témoins de l'accomplissement des promesses, ils le voyaient et le saluaient de loin, confessant qu'ils étaient étrangers et voyageurs sur la terre. « Ainsi nous avons été rachetés d'un grand prix (1) », du sang d'un Dieu.

Prêtre, victime, sacrifice, tout est infini ; c'est un Dieu qui sacrifie, c'est un Dieu qui est immolé « et Dieu lui-même est venu contre son Fils avec tous ses foudres... Non content de l'avoir livré à la volonté de ses ennemis, lui-même voulant être de la partie, l'a rompu et froissé par les coups de sa main toute-puissante (2). »

Dans le sacrifice de Jésus-Christ, l'intensité de la douleur a égalé en quelque sorte la dignité de la Victime : elle a dépassé tous les tourments que l'humanité est capable de subir.

Un soupir d'amour du cœur de Jésus ferait oublier à Dieu tous les outrages des pécheurs ! Que sera-ce donc, si, pour réparer leurs offenses, ce divin Cœur est plongé dans un abîme d'amertume et de honte durant trente-trois ans ?

En effaçant nos péchés, l'Agneau de Dieu nous a, du même coup, délivrés des châtiments qui en étaient inséparables. Nous voilà devant Dieu, par le sacrifice de Jésus-Christ, purifiés de nos fautes, à ce point que nous n'avons qu'à invoquer, pour obtenir notre pardon, le sang qu'il a versé pour nous. Rentrés en grâce avec Dieu, tout est changé pour nous, et la vie et la mort, et le temps et l'éternité. « Il a plu à Dieu de réconcilier toutes choses par celui qui est le principe de la vie... tant ce qui est sur la terre que ce qui est au ciel ! » (3) Il y a encore des larmes sur la terre, « et

(1) Hébr., xi, 13.
(2) Bossuet, *Carême des Minimes, Vendredi Saint.*
(3) Coloss., i, 20.

toute créature y gémit pour enfanter à la liberté et à la gloire les enfants de Dieu (1). » Mais la douleur y est devenue, par la grâce de Jésus-Christ, un des plus riches dons de la bonté de Dieu. « L'espérance, une croix à la main, nous précède en chantant, sur le chemin de la vie... » « Relégué au fond de la vallée de larmes, comme dans les catacombes de la création, l'homme peut, s'il dispose des degrés d'ascension dans son cœur, monter de vertus en vertus, sur l'aile d'une humble prière, vers le Dieu des dieux et sans jamais atteindre à sa hauteur, s'en approcher sans cesse (2). »

Participant de la nature divine, il sait qu'il entrera un jour, s'il le veut, dans la maison de son Père qui est aux cieux, pour y vivre de la vie éternelle. « Salut, croix sainte, arbre céleste de la sagesse éternelle, sur lequel a poussé le fruit du bonheur sans fin (3). » Tu fus plantée sur le Calvaire, mais le sang de la Victime qui expira dans tes bras a baigné l'univers : « Et la terre et la mer, et les astres eux-mêmes, tous les êtres enfin, sont lavés par ce sang (4). » C'est la sève de toutes les vertus qui germent sur la terre et de toutes les joies qui s'épanouissent au ciel.

(1) Rom., VIII, 21, 22.
(2) Mgr Gerbet.
(3) Bienheureux Henri de Suzo.
(4) De Maistre. *Eclaircissements sur les sacrifices.*

CHAPITRE II

La Croix et la Messe.

Cependant, « il est entré dans les incompréhensibles desseins de l'amour tout-puissant de perpétuer jusqu'à la fin du monde et par des moyens bien au-dessus de notre faible intelligence, ce même sacrifice, matériellement offert une fois pour le salut du genre humain (1). » Jésus-Christ s'est offert, homme pour les hommes, homme innocent pour les coupables, Homme-Dieu pour de simples mortels. Jésus-Christ est mort une fois, mais le fruit de sa mort est éternel.

Puisqu'il a sur la croix « effacé les péchés du monde » et « payé de son sang » tous les dons que Dieu répandra dans le temps et dans l'éternité, sur toute créature, pourquoi perpétuer son sacrifice jusqu'à la fin du monde ? Pourquoi poursuivre encore, si elle est déjà parfaite, la rédemption des âmes ? Du reste, il est désormais incapable de souffrir et de mériter. Non, Jésus-Christ ne souffre pas sur l'autel, mais il y représente à Dieu les souffrances qu'il a endurées pendant sa vie mortelle et ne cesse « de l'interpeller pour nous ». Sur la croix, « il nous a rachetés d'un grand prix, du prix de son sang (2) » ; sur l'autel, il demande

(1) De Maistre, *Eclaircissements sur les sacrifices*.
(2) I Cor., vi, 19 ; I Petr., i, 19.

qu'en échange du sang qu'il a versé, son Père communique aux âmes les grâces du salut.

« Il interpelle pour nous » : ce n'est pas un suppliant qui implore une faveur, c'est un créancier qui réclame son droit et qui ne saurait l'épuiser. Dieu nous doit tout ce qu'il plaît à Jésus-Christ de nous donner, il ne nous accorde aucune grâce que sur l'intervention directe de Jésus-Christ qui répartit maintenant, à son gré, de l'autel où il s'immole encore tous les jours, le trésor amassé par lui. C'est de là qu'il envoie aux âmes et les grâces qui préparent leur conversion, et celles qui les justifient, et celles qui soutiennent leurs progrès dans la vertu, et celles enfin qui assurant leur persévérance, fixent leur sort pour l'éternité. Voici l'économie de l'œuvre rédemptrice que Notre-Seigneur, toujours présent, quoique invisible parmi les hommes, ne cesse d'accomplir : un principe de vie nécessaire et universel, la grâce ; des moyens infaillibles pour l'obtenir de Dieu, la prière, les sacrements, les actes méritoires ; enfin une source unique de cette « eau qui jaillit jusqu'à la vie éternelle », le sacrifice eucharistique.

Sans doute, les sacrements ont, par l'institution de Jésus-Christ, la vertu propre de justifier le pécheur ou d'accroître la vie divine dans les âmes déjà sanctifiées : mais cette vertu découle du sacrifice eucharistique comme de sa source. Si, par impossible, l'Agneau de Dieu cessait « d'apparaître aux regards de son Père comme immolé », les sacrements seraient supprimés, la vie divine tarie dans son principe s'arrêterait, et le monde entier serait comme un grand désert d'âmes éteintes. La prière est toute-puissante, mais à une condition, c'est que « nous demanderons toutes les grâces que nous désirons obtenir, au nom de Jésus-Christ », c'est que nous prierons avec Jésus-Christ que Dieu « exauce toujours ».

Enfin, Dieu nous a fait ce don de pouvoir mériter ; il nous appelle et nous sommes en effet ses enfants, et parce qu'il est notre Père, il nous reconnaît des droits ;

d'où nous vient ce privilège ? C'est que, une fois justifiés, nous sommes incorporés à Jésus-Christ ; ce n'est
plus nous qui vivons, c'est Jésus-Christ qui vit en nous.
Ainsi, quel que soit le canal par où le fleuve de vie
arrive à notre âme : prière, sacrements, mérites person-
nels, il descend toujours de la croix de Jésus-Christ,
de ses blessures éternellement ouvertes sur nos autels.

Pas un don de Dieu à sa créature qui ne rayonne de
ce foyer de miséricorde ; pas un mouvement dans
l'univers qui ne s'y rattache de près ou de loin, comme
à un centre, par son origine ou par son but. La nature
est subordonnée à la grâce et tout est surnaturel, en ce
sens que « tout conspire », que tout est ordonné, les
phénomènes du monde physique, les événements de
l'histoire et jusqu'aux moindres actes du plus humble
des hommes, pour la gloire du Verbe incarné et pour
le salut des âmes qu'il a élues de toute éternité. Aux
regards d'une foi éclairée qui est « la lumière souve-
raine, l'éclat du Verbe en nous et son jugement sur
toutes choses (1) », la main de Dieu est aussi active,
aussi visible dans la moisson qui lève chaque année,
que dans le miracle de la multiplication des pains ; ici
et là, il agit dans la même pensée : Dieu nous donne
le pain de chaque jour comme il nourrit au désert le
peuple qui le suivait, pour sauver les âmes, pour
étendre son royaume.

Le sacrifice de la messe n'est pas seulement la source
de toutes les grâces, il est encore le centre et l'âme
de la religion. Tous les jours, à toute heure du jour,
Jésus-Christ « apparaît devant la face de Dieu », à la
fois vivant et immolé, afin que l'expiation du péché
soit pour ainsi dire aussi durable que le péché même,
et afin que la miséricorde divine soit tous les jours
sollicitée par ses mérites. « Le seul moyen d'apaiser
Dieu et de nous le rendre propice, c'est de lui offrir
continuellement la même Victime par laquelle il a été

(1) Mgr Berteaud.

apaisé une fois, d'en célébrer la mémoire, de lui offrir de justes louanges pour la grâce qu'il nous a faites de nous le donner (1). »

C'est un spectacle déconcertant que celui de l'humanité à toutes les époques de son histoire. A considérer ces troupeaux d'êtres humains qui passent sur la terre et semblent y marcher sans but, livrés à toutes les erreurs, à tous les vices, perpétuellement en guerre, couvrant la terre des monuments de leur génie ou de leur orgueil, et ne laissant après eux que le vague souvenir de quelques noms, domptant les forces de la nature pour accroître leurs plaisirs et toujours aussi mécontents de leur sort, aussi ignorants de leur destinée aussi lâches en face du devoir, n'aboutissant par tous leurs efforts qu'à assurer le triomphe du mal ; à voir enfin presque toute la race humaine « sans espérance et sans Dieu dans le monde », la pensée se trouble ; il y a là, en effet, un mystère qui échappe à toute solution humaine. Pour ne pas succomber sous le poids accablant de ce mystère, la raison a besoin de s'appuyer sur la foi. C'est un autre mystère, le plus grand et le plus incompréhensible de tous, qui seul peut l'empêcher en face de cet océan d'iniquités et d'erreurs où reste plongée l'humanité, de blasphémer la puissance et la bonté du Créateur. Oui, le péché surabonde, il est partout, mais « l'hostie d'apaisement et de louange » est également offerte en tous lieux et à tout instant. La prière d'un Dieu couvre les voix du crime et de l'impiété ; « Bénissez le Seigneur, disait le sage : exaltez-le autant que vous le pourrez, il est toujours plus grand que vos louanges. »

Cela n'est plus vrai maintenant ; la louange que nous lui donnons est aussi grande que lui, elle est infinie ; ses bienfaits sont sans nombre, mais « l'Eucharistie » que nous lui offrons dépasse ses bienfaits ; les hommes l'oublient et l'outragent, les peuples s'élè-

____

(1) Bossuet, *Explication de la Messe.*

vent contre lui, mais toutes ces insultes, et toutes ces révoltes, et toutes ces haines sont impuissantes à ébranler sa patience, parce que le Pontife éternel « saint, innocent, sans tache, séparé des pécheurs et plus élevé que les cieux (1) », ne cesse de lui dire : « Mon Père, pardonnez-leur, car ils ne savent ce qu'ils font. » Adoré par son Fils en vérité, c'est à-dire autant qu'il mérite de l'être, « Dieu ne voit plus le monde que dans le crépuscule empourpré du sang de Jésus-Christ (2). »

Tout prêtre qui célèbre la messe, tout chrétien qui y assiste avec foi et piété a ce pouvoir de transfigurer le monde au regard de Dieu, d'étouffer dans l'hymne de sa reconnaissance toutes les dissonances de la création. Car tel est « l'admirable commerce », la mystérieuse communion de vie et d'amour que l'homme entretient avec Dieu par le saint sacrifice. Lui aussi devient avec Jésus-Christ et par Jésus-Christ « le véritable adorateur » de Dieu ; lui aussi rend à Dieu par le sacrifice de Jésus-Christ un culte vraiment digne de Dieu.

Aussi le saint sacrifice est le centre auquel se rapportent tous les actes du culte religieux, toutes les manifestations de la piété, et l'âme qui les inspire, le foyer d'où rayonnent la foi et l'amour de Dieu. L'Église a bâti des temples pour y rassembler les fidèles autour de l'autel où s'offre le saint sacrifice, et l'on y prie toujours, même à l'heure où le sacrifice a cessé, le regard tourné vers l'autel. L'acte qui s'y accomplit tous les jours et qui en caractérise la destination, c'est le saint sacrifice. Toutes les cérémonies qu'on y pratique, toutes les pompes et tous les ornements qu'on y déploie servent de cadre aux saints mystères et en sont un commentaire que les simples entendent mieux.

(1) Hebr., vi, 26.

(2) P. Faber.

que les savants, car il s'adresse au cœur plus qu'à
l'esprit. Dans toutes ses solennités, l'Eglise invite les
fidèles à assister au saint sacrifice, ou même leur en
fait un devoir. Qu'elle veuille célébrer les prodiges
d'amour de Notre-Seigneur, les privilèges de la Mère
de Dieu, la mémoire de ses saints, elle ne sait que
répéter le mystère de Jésus crucifié ; c'est le soleil de
tous ses jours de fête, et depuis dix-neuf cents ans,
l'habitude de le contempler n'en a point diminué l'éclat.
Il se lève toujours pour les âmes croyantes, aussi res-
plendissant et aussi joyeux.

C'est d'ailleurs au pied de l'autel que naît et se
développe l'esprit de prière. Où sont en effet les âmes
qui prient avec une foi aussi simple qu'invincible, qui
montent vers Dieu d'un seul élan et tiennent leurs
regards attachés sur lui, avec la même facilité, avec
autant d'attrait que sur un visage aimé ? Cherchez-les
parmi les chrétiens qui vont tous les jours à la messe.
Il sort de l'autel une impression de vie divine qui
renouvelle leurs idées, leurs sentiments, leurs habitudes
et jusqu'à leur attitude et à leur démarche, on les
reconnaît à un air de dignité, de gravité et de modestie
que donne seule la fréquentation des saints mystères.
Une lumière vive et pénétrante leur rend de plus en
plus sensible la vérité de Dieu ; leur foi se transforme
en une sorte de vision ; dès qu'ils entrent dans une
église, ils sentent que Notre-Seigneur est près d'eux,
comme les disciples d'Emmaüs, à l'ardeur qui les
anime ; ils lui parlent et ils l'écoutent, car ils entendent
sa voix, une voix inarticulée mais distincte, et qu'ils
reconnaissent toujours ; leur prière prend ainsi d'ordinaire la forme d'un doux entretien, familier et plein
d'abandon. La prière est l'accent de la piété ; elle
en révèle le cœur, comme la voix humaine réfléchit
toutes les nuances de l'âme. Ils prient volontiers et ils
savent prier parce qu'ils aiment. Le sentiment de la
bonté de Dieu domine dans leur âme le souvenir de
sa majesté et ils vont vers lui comme vers un père ; la

crainte n'est plus pour eux que la pudeur de la confiance.

Le saint sacrifice est la meilleure école de la vertu chrétienne. On y apprend sans effort tous ses devoirs. Avec la lumière, c'est là aussi qu'on trouve la force. Sans parler ici des secours indispensables que l'âme y puise par la prière, la vertu chrétienne a besoin pour se soutenir, de s'appuyer sur l'espérance, et pour grandir, d'être vivifiée par l'amour. Or, nulle part nous ne voyons plus clairement qu'au pied de la croix ou de l'autel, c'est tout un, le sens et le but de la vie humaine ; nulle part, non plus, nous ne croyons davantage à l'amour et nous ne sommes plus excités à « aimer Dieu qui nous a aimés le premier. »

Toutes les règles de la vie chrétienne se résument dans une seule règle, et tous nos devoirs dans un devoir, celui que l'Apôtre nomme « la parole de la croix (1) », et que Notre-Seigneur a consigné dans cette formule si précise et si profonde : « Celui qui veut venir après moi doit se renoncer lui-même, porter sa croix tous les jours, et me suivre ! » Non que le sacrifice soit proprement l'essence même de la vertu, mais il en est la condition universelle et absolue. « Aimer Dieu et le servir lui seul, c'est là tout l'homme, » tout son devoir et son unique fin. Pour aimer Dieu d'un amour qui emporte vers Dieu « tout l'homme, » qui inspire et règle toutes ses pensées, tous ses désirs, toutes ses volontés selon la volonté de Dieu, « pour suivre Dieu, » enfin, et lui obéir toujours en tout, il faut « se renoncer soi-même », car la nature, livrée à elle-même, n'a d'autre règle que son plaisir. Or, la vertu consiste essentiellement à sacrifier cet instinct fondamental de la nature qui rapporte tout à soi, et n'agit que pour soi, pour mettre à la place l'habitude de rapporter tout à Dieu, d'agir avant tout pour Dieu, « de chercher en toutes choses d'abord le

____

(1) Cor., 1, 18.

royaume de Dieu et sa justice ». Le sacrifice est donc inséparable de la véritable vertu et de tous les efforts que nous faisons pour l'atteindre. A toutes les étapes de la vertu, du plus bas degré où naît l'union avec Dieu par la fuite du péché mortel jusqu'au plus élevé où cette union se consomme dans le pur amour, l'âme rencontre le sacrifice : « Vous ne ferez de progrès, dit l'*Imitation,* qu'autant que vous vous ferez violence. » Bien plus, à mesure que l'âme s'élève de vertus en vertus, le sentier devient plus rude, la loi du sacrifice plus exigeante, tant qu'enfin, arrivée au terme, à la sainteté, elle brise tous les liens qui l'attachent à la terre. Le sommet de la perfection ressemble à celui des hautes montagnes, où l'homme ne peut plus respirer, où toute vie s'éteint, où règnent le désert et un silence éternel. Ainsi l'âme des saints se dépouille de toute attache aux créatures et n'a plus qu'un désir : « être clouée à la croix avec Jésus Christ (1). » A ces hauteurs, on n'entend plus que des cris sublimes : « Je vis, mais ce n'est plus moi, c'est le Christ qui vit en moi (2). » « Dieu seul ! Dieu seul ! Mon Dieu et mon tout !... Ou suoffrir ou mourir !... Non pas mourir, mais souffrir. »

Comme toutes les sciences pratiques, la science du sacrifice s'apprend plus par l'exemple que par les préceptes. Parmi ceux qui se sont donnés comme les maîtres de la vie, il n'y en a qu'un que les hommes aient compris et qu'ils aient suivi, parce qu'il a fait ce qu'il a dit, et qu'il a dit simplement de faire ce qu'il a fait lui-même. Il a dit : « Bienheureux les pauvres, » et il a vécu pauvre jusqu'au point de n'avoir pas une pierre pour reposer sa tête : « Bienheureux les doux, » et on l'a vu « doux et humble de cœur », souffrant toutes les injures sans s'aigrir, véritable agneau qui se laisse « mener à la boucherie sans pousser une plainte (3) ».

(1) Galat., ii, 20.
(2) Galat., ii, 20.
(3) Is., liii, 7.

« Bienheureux les miséricordieux » ; et il n'a pas jeté la pierre à la femme adultère ; et sur la croix, il a prié pour ses bourreaux ; « Bienheureux ceux qui ont le cœur pur » ; et il a pu jeter ce défi à ses ennemis : « Qui de vous me convaincra de péché ? » « Bienheureux ceux qui souffrent persécution pour la justice » ; et « il a porté sa croix », « il s'est offert parce qu'il l'a voulu » pour les péchés du monde, et il est mort « en remettant son âme à son Père ». Seul il a réalisé le sublime idéal dont il a donné la formule dans ces paroles : « Soyez parfaits comme votre Père céleste est parfait. » Encore une fois la règle fondamentale de la morale chrétienne, qui renferme toutes les autres et qui peut les suppléer toutes est celle-ci : « Regardez » Jésus-Christ et « faites selon ce modèle. »

Et ce n'est pas un pâle souvenir décoloré par les siècles qui flotte au hasard dans la mémoire de l'humanité. « Le Maître est là qui nous appelle », qui parle à qui veut l'entendre, qui redit les mêmes vérités et toujours avec cette éloquence invincible de l'exemple. « Il demeure avec nous » et c'est pour nous raconter perpétuellement sa vie et sa mort, et il est impossible, les chrétiens qui vivent de la foi le savent bien, de ne pas le revoir à la messe, tour à tour dans la crèche de Bethléem, dans l'atelier de Joseph, traversant les bourgades de la Judée et de la Galilée, semant la vérité et les miracles, et mourant au Calvaire quand tout est consommé. La messe a cette vertu pour les âmes qui croient et qui aiment, de leur donner comme une seconde vue, de les introduire dans un monde où brille un autre soleil, de leur faire sentir toutes les émotions les plus pures, les plus profondes et les plus nobles de la vie. Où donc a-t-il coulé plus de vraies larmes et des larmes plus douces ? Où l'amour a-t-il fait des serments plus généreux et plus inviolables ? Où la douleur a-t-elle trouvé de plus suaves et de plus fortifiantes consolations ; la vertu, plus de forces pour grandir jusqu'à l'héroïsme ? Non, ce ne sont point

de vains fantômes, les simulacres d'une vie depuis
longtemps éteinte qui hantent l'imagination ; Jésus-
Christ est vivant, il est là sur l'autel et il parle et il
agit ; et il est bien vrai que « nous avons entendu sa
voix et que notre cœur bat au contre-coup des mouvements de son cœur ».

Du reste, à part la souffrance qui n'est que l'accident
passager d'une vie mortelle, que manque-t-il au sacrifice eucharistique, pour être la leçon vivante de toutes
les vérités que nous devons croire « et faire » ? Voici,
en effet, le dernier degré des condescendances divines
dont l'amour traça, de toute éternité, le plan merveilleux. Le Dieu qui se cache sous le voile brillant de la
nature, qui s'est effacé sous le voile obscur de l'humanité, s'ensevelit sous l'apparence de la plus vile matière ; là, tout disparaît, même sa forme humaine, il
est comme s'il n'était pas, et, poussant la bonté jusqu'au bout de sa puissance, il s'abîme dans le sein de
nos misères sans fond.

« Il a obéi jusqu'à la mort » : il est toujours aussi
soumis à la volonté de son Père, aussi zélé pour la
gloire de Dieu : « il nous a aimés et il s'est livré pour
nous, » sa charité envers les hommes s'est dépassée
dans son sacrement, si l'on peut ainsi dire, pour rester
égale à elle-même : ne pouvant mourir, il se donne.

Mais quelle est la vertu dont l'âme chrétienne ne
contemple le parfait modèle dans Jésus eucharistique ?
Voulez-vous mourir au monde, élever entre vous et lui
les barrières du cloître, et dans la solitude « ne respirer plus que du côté du ciel » ? Regardez : c'est pour
vous que Jésus est « le Dieu caché » et que sa prière
est perpétuelle. La Providence, au contraire, vous a-
t-elle retenu au milieu du monde pour y remplir une des
fonctions de la vie active sur lesquelles repose la
société ? Quelle que soit votre tâche, éclatante ou
obscure, vous avez le devoir de ne pas vous enfermer
dans le monde étroit des sensations, d'appliquer à des
phénomènes transitoires des vérités éternelles et su-

blimes,de faire enfin, avec vos actions de chaque jour, même les plus vulgaires,une œuvre divine.Regardez : Jésus-Christ d'un peu de pain et de quelques gouttes de vin fait son corps et son sang, renouvelle son sacrifice pour la plus grande gloire de Dieu et le salut du monde. « Voyez et faites de même. » Qu'est-ce qu'un verre d'eau ? Le prix de Dieu si vous le voulez : donnez-le à un pauvre au nom de Jésus-Christ. Quoi que vous fassiez, vous pouvez et vous devez animer ainsi vos efforts de l'intention d'obéir et de plaire à Dieu ; sans cela « vous travaillerez dans la nuit et en vain ». Auriez-vous gagné des batailles, donné les lois les plus sages à un peuple, soumis la nature à votre génie pour le plus grand profit de l'humanité, quand « la figure de ce monde aura passé », quand toutes choses et vous-même vous apparaîtrez dans la lumière de l'éternelle vérité, il ne vous restera, de toutes les grandes choses que vous aurez faites,que d'avoir voulu servir Dieu. Là, en définitive, est toute la vie morale, toujours possible, égale pour tous. Elle se mesure, non à l'œuvre extérieure que les hommes voient, mais à la bonne volonté qui leur échappe et que pénètre le regard de Dieu. Dès lors, il n'y a plus, à vrai dire, qu'un seul devoir, le même pour tous ; il commande à tous, toujours et partout, avec la même autorité, sans égard ni aux personnes ni aux circonstances, sans réserve ni condition ; seul il imprime à toutes nos œuvres le sceau vraiment authentique de la vertu ; seul, il laisse dans les âmes, quand il est obéi, la trace immortelle du mérite.

Si nous ne nous trompons, cette vérité essentielle et si méconnue est celle qui éclate avec le plus d'évidence dans le sacrifice eucharistique. Que fait Notre-Seigneur à la sainte messe ? En vérité, nous ne lui voyons rien faire et la foi ne nous apprend qu'une chose, c'est que pour rendre gloire à son Père, il se réduit aux apparences d'une matière insensible et inerte. Il est impossible de nous enseigner plus clairement que la vertu n'a pas besoin d'un grand théâtre, « que sa beauté est tout intérieure. », que ceux-là se trompent qui ne la cherchent que dans le bruit et l'éclat. La plupart des hommes sont condamnés à ne faire toute leur vie que de petites actions, à passer sur la terre sans y laisser un souvenir. A cette foule sans nom, Notre-Seigneur offre l'exemple de sa vie sacramentelle dont aucun rayon ne transparaît aux yeux de la raison ni des sens, bien que cet autel où l'on ne le voit même pas soit le trône d'où il gouverne le monde.

Mais, s'il s'agit de savoir quelle est la *matière* de cette *forme* universelle du devoir, l'autel de Jésus-Christ est la chaire d'où il nous enseigne à discerner et à faire le bien en même temps qu'à le vouloir. Le chrétien qui va à la messe, s'il ne s'enferme pas dans un vain formalisme, s'il sait ce qu'il fait et fait ce qu'il doit, y rencontre le souvenir toujours vivant d'un Dieu qui venant sur la terre y a choisi pour sa part la pauvreté, le travail d'une condition vile, les souffrances d'une mort cruelle et prématurée. Osera-t-on prétendre que, dans la mêlée des intérêts, l'image du crucifix ne se dressera jamais devant le chrétien habitué à la contempler, pour mettre un frein à son égoïsme et l'empêcher d'entreprendre sur les droits du prochain ? Nos pères plantaient la croix dans leurs champs, sur leurs chemins, ils voulaient la voir partout, non seulement parce qu'elle parlait d'espérance mais parce qu'elle leur rappelait leurs devoirs : c'est, en effet, « une grande diseuse de vérités (1) ». Aujourd'hui ce spectacle est intolérable à bien des gens ; la vue de la croix blesse les yeux pleins de luxure et d'injustice, et il ne faut pas chercher une autre explication de la fureur des nouveaux iconoclastes.

La messe, c'est l'image de la croix en action ; encore une fois, le chrétien ne l'ignore pas, il sait que le

____

(1) Mgr Berteaud.

Sauveur l'a instituée la veille de sa mort et en mémoire de sa passion. Et quand même sa pensée ne remonterait pas à des circonstances si propres à lui conseiller « d'user de ce monde comme n'en usant pas », il sait que Jésus-Christ, à la fois présent et caché dans l'Eucharistie pour l'amour de Dieu et des hommes, obéit à la voix d'un mortel qui peut être un indigne, et consent à venir tous les jours sur la terre, sans y revendiquer d'autre place que celle qu'on veut bien lui faire. Où recueillera-t-il jamais des inspirations plus pressantes de justice et de charité, de modération, de patience, d'humilité, de dévouement, de toutes les vertus enfin qui font triompher l'esprit de la chair et qui assurent la paix sociale ?

Il y a des hommes, dira-t-on, qui croient que Jésus-Christ « s'anéantit » pour eux chaque jour sur l'autel et qui sont néanmoins livrés à toutes les convoitises ? Sans doute : l'esprit de l'homme n'a sur son cœur qu'un empire borné et toujours incertain. Où trouver parmi nous l'être privilégié qui ne soit pas « un amas de contradictions » ? La vérité morale n'a sur l'âme humaine d'autre influence que celle que l'âme elle-même lui accorde ou plutôt lui communique ; elle ne pénètre dans l'intelligence que par la porte du cœur, il faut l'aimer déjà pour y croire. Il ne suffit pas de lui faire une place dans nos convictions. C'est l'amour qui la fait naître ; elle n'a de force que par l'amour. Il faut y attacher les regards, désirer de la voir toujours plus éclatante et vouloir qu'elle règne, en effet, sur l'âme tout entière, sans cela, elle se voile, elle rentre dans l'ombre ; elle est en nous comme si elle n'y était pas, elle reste étrangère à nos idées, à nos sentiments, à notre conduite. Nous ne faisons pas la vérité morale mais nous lui donnons la vie ; or, la plupart des chrétiens « ne vivent pas de leur foi » ; ils connaissent vaguement les vérités qu'ils croient et n'y pensent presque jamais. Au lieu d'être comme un soleil toujours sur l'horizon, inondant tous les lieux à la fois de ses rayons et répandant partout la chaleur en même temps que la lumière, la foi, pour un trop grand nombre d'âmes, c'est une petite lampe que l'on allume par intervalles, que l'on place dans un coin, qui jette sur quelques objets environnants une lueur indécise et laisse dans la nuit le reste de la maison.

CHAPITRE III

La Messe et l'Eglise.

Mais, si nous voulons connaître la portée réelle, les vrais fruits de vie de cette parole mystérieuse qui sort de l'autel de Jésus-Christ, élevons notre point de vue. C'est l'Eglise elle-même qu'il faut envisager dans toute l'étendue de son existence et de son histoire. Qu'on étudie son être intime et son esprit, ses institutions et ses œuvres, ses vertus et ses bienfaits, et l'on reconnaîtra tout de suite qu'elle marche à travers les siècles, qu'elle agit, qu'elle vit, les yeux toujours fixés, pour le reproduire, sur le modéle que lui offre son divin fondateur dans le sacrifice eucharistique.

Le monde ne connaît d'elle que les apparences ; il ne voit pas le Dieu qui l'inspire et qui lui donne la vie. A la considérer par le dehors, elle paraît être à la merci de tous ceux qui s'enhardissent à l'accabler d'outrages et de violences. Cependant, toutes les fureurs de l'impiété sont aussi impuissantes à tuer l'âme immortelle de l'Eglise que la vie glorieuse de Jésus-Christ dans son sacrement. Elle porte comme Jésus eucharistique tous les stigmates de la passion ; toujours combattue et menacée de mort, elle est assurée comme lui du triomphe et d'un règne qui n'aura pas de fin. Si elle n'est pas encore à l'abri de la souffrance, elle mêle du moins les joies de l'espérance à la patience dans les tribulations.

Deux choses principalement caractérisent le sacrifice de Notre-Seigneur, l'amour qui en est le principe et le don de soi qui en est l'effet. Toute la vie de l'Eglise est également dans une charité qui s'attendrit sur toutes les misères de l'humanité, et qui pour les guérir où les soulager, suscite sous mille formes, sans s'épuiser jamais, le dévouement personnel. C'est la même vertu qui enfante le missionnaire et la petite sœur des pauvres, le frère de la Doctrine chrétienne et le frère de Saint-Jean-de-Dieu, les uns et les autres sont sortis du cœur de Jésus-Christ et du cœur de l'Eglise. L'amour parle toutes les langues et n'a pourtant qu'un mot, toujours le même, dans tous les idiomes. Ainsi l'Eglise, éternelle au sein des contingences humaines, « se fait toute à tous » pour gagner les âmes à Jésus-Christ ; elle varie ses bienfaits et mesure ses dons aux besoins, mais l'esprit qui l'anime est simple et immuable ; elle donne parce qu'elle aime, elle inspire à tous ceux qui font son œuvre une charité, un dévouement plus fort que tous les attraits de la vie et que toutes les terreurs de la mort.

C'est la charité de l'Eglise qui a fait les martyrs ; ils entraient dans l'amphithéâtre le cœur ivre d'amour pour le peuple qui les jetait aux bêtes ; et c'est parce qu'ils l'ont aimé plus que la jeunesse, plus que le plaisir et plus que la vie, qu'ils l'ont vaincu, qu'ils ont fait des chrétiens de ces brutes qui n'avaient de l'homme que le nom et le visage. C'est la charité de l'Eglise qui a défriché le sol de l'Europe et jeté les fondements de la plupart de ses villes, qui a répandu ou rétabli la vie sociale dans les lieux mêmes où un égoïsme insatiable l'avait dévorée et faisait le désert. En poussant les moines dans la solitude, l'Eglise préparait des asiles contre la violence, des secours contre la misère, des écoles de travail et de vertu ; elle élevait les remparts derrière lesquels allaient naître et grandir le sentiment de la dignité humaine, le respect des droits du peuple chrétien, toutes les gloires et tous les bienfaits de la

civilisation. C'est la charité de l'Eglise enfin, qui, à
toutes les époques, et de nos jours, plus qu'en aucun
temps peut-être, a développé dans la conscience chrétienne cet instinct sacré qui la presse, en présence du
mal quel qu'il soit, non seulement d'y porter remède,
mais de le partager en quelque sorte par le sacrifice et
qui entraîne tant d'âmes, pour être plus près des misé-
rables, à la pratique d'une vie pauvre, dure et humiliée.
C'est ainsi dans l'Eglise, dans ceux de ses enfants qui
obéissent aux mouvements les plus généreux de son
cœur, un soin constant de reproduire l'image du mystère de la croix sans cesse renouvelé sur ses autels. Et
la preuve que c'est bien de là que part l'inspiration de
tous ces dévouements, c'est que chez tous les peuples
« où le feu du sacrifice s'est éteint sur l'autel (1) », la
charité qui fait affronter le martyre ou embrasser tous
les genres de privations, s'est évanouie. L'homme y
donne encore de l'argent pour secourir son semblable ;
il ne s'y donne plus lui-même. « A Paris, dans les deux
salles de la préfecture de police où les jeunes filles et
les voleuses arrêtées restent un jour ou deux en dépôt
provisoire, les religieuses de Marie-Joseph, condam-
nées par leurs vœux à vivre dans cet égout toujours
coulant de boue humaine, sentent parfois leur cœur
défaillir ; par bonheur, on leur a ménagé, dans un coin,
une petite chapelle ; elles y vont prier, et au bout d'un
quart d'heure, elles ont refait leur provision de courage
et de douceur. Très justement, et avec l'autorité d'une
longue expérience, le P. Etienne, supérieur des laza-
ristes et des filles de Saint-Vincent de Paul, disait à des
visiteurs étrangers : « Je vous ai fait connaître le détail
de notre vie, mais je ne vous en ai pas donné le secret.
Ce secret, le voici : c'est Jésus-Christ connu, aimé, servi
dans l'Eucharistie (2). » Il faut avoir Jésus-Christ sous
les yeux, ou plutôt, comme disait saint François de

(1) Lévit., vi, 13.
(2) Taine, *Origines de la France contemporaine*, t. II.

Sales, « au cerveau et dans le cœur » pour « sentir le
feu divin brûler dans sa poitrine », selon l'expression
d'un autre saint (1), qui savait, lui, où se puise la vraie
charité, et pour se faire une âme qui ne se fatigue
jamais de sacrifices.

Enfin, Jésus-Christ imprime à son Eglise qui s'ap-
plique à l'imiter dans la perfection de son sacrifice, un
dernier trait qui achève la ressemblance. Non contents
de la persécuter, ses ennemis la calomnient ; ils l'ac-
cusent, comme son Maître, d'imposture et d'ambition.
Les traîtres, les faux témoins, les juges iniques ne
manquent pas plus que les bourreaux, et nous voyons
toujours quand il s'agit de la condamner, Hérode et
Pilate redevenir amis.

L'Eglise rappelle, en célébrant le sacrifice eucharistique, les hypocrisies, les conjurations de la haine qui
cloua Jésus à la croix, et dans ce souvenir, elle lit sa
propre histoire, la destinée qui lui fut promise et
qu'elle remplit ; elle se souvient, elle prie, et sa confiance en Dieu est inébranlable.

Aussi, quel est dans la vie de ceux qui se sont
faits, pour imiter plus fidèlement Jésus-Christ, les ser-
viteurs de leurs frères, l'acte principal, celui par
lequel ils commencent tous les jours leur service et
qu'ils regardent comme le ressort de toute leur conduite ? C'est la célébration ou l'audition de la sainte
messe. Il n'y a pas une seule congrégation d'hommes
ou de femmes, quel que soit le but particulier de son
zèle, qui n'ait inscrit au premier article de sa règle,
l'obligation d'assister à la messe tous les matins. Les
chrétiens mêmes qui ne sont ni prêtres ni engagés dans
les liens de la vie religieuse, mais qui font véritablement leur principale affaire de servir Dieu, sentent le
besoin et prennent l'habitude d'aller tous les jours
contempler « le grand mystère de piété ».

Dans la plupart des églises, surtout au sein des

____

(1) Saint Vincent de Paul.

cités populeuses, l'aurore du « soleil de justice » se lève bien avant le jour. Une petite cloche envoie dans la nuit un appel discret, mais toujours entendu, à des servantes, à de pauvres mères de famille qui ne veulent pas commencer leur rude journée sans avoir écouté le doux murmure de ces formules sacrées de la messe dont leur âme recueille, sans les comprendre, le plus pur arôme. Elles se hâtent à travers les rues silencieuses comme si « le Maître les attendait » ; elles entrent dans la maison de Dieu et gagnent sans embarras leur place accoutumée, car elles sont chez elles et elles le savent. Perdues dans l'ombre d'où elles n'aperçoivent que le prêtre et l'autel vaguement éclairés, leur prière s'épanche d'un cœur uni à Dieu, naïve, confiante, ininterrompue. Après avoir, durant une demi-heure, reposé leur âme sur le cœur de Jésus-Christ, elles retournent à la peine. La vie de ces humbles femmes n'obtiendra jamais un regard du monde, et qui pourrait dire la grandeur de leur œuvre parce qu'elles entendent la messe chaque jour et que leur travail accompli pour l'amour de Notre-Seigneur est une prière ? Leur action s'étend bien au delà de l'étroit espace où les confine leur labeur quotidien ; elle est universelle, infinie, si l'on peut dire, comme la bonté de Dieu qui exauce leurs plus secrets désirs. Les hommes qui paraissent avec éclat sur la scène du monde, s'ils ne prient pas, ne sont que des figurants. Les véritables acteurs de l'histoire, les ouvriers du progrès, ceux qui propagent le règne de Dieu et sa justice, ce sont les humbles, qui prient en travaillant et qui appellent par leurs prières, sur les entreprises et les efforts de ceux mêmes qui ne songent pas à les demander, les bénédictions de Dieu.

CHAPITRE IV

La Cène.

A mesure qu'il approche du moment solennel, où, sans rien changer aux apparences, le corps et le sang de Jésus-Christ prendront la place du pain et du vin, la prière du prêtre devient plus pressante et revêt une forme plus mystique : « *Daignez faire, dit-il, ô Dieu, nous vous en prions, que cette oblation soit en toutes choses bénie, légitime, ratifiée* (il accompagne chacune de ces épithètes d'un signe de croix tracé à la fois sur le calice et sur l'hostie), *raisonnable et agréable, en sorte qu'elle devienne le corps et le sang* (ici encore deux signes de croix, l'un sur l'hostie, l'autre sur le calice) *de votre Fils très cher, Notre-Seigneur Jésus-Christ.* » Saint Ambroise qualifie ces paroles de « célestes » et leur attribue une vertu singulière.

Le Concile de Rome, en 1079, imposa à Bérenger une proposition de foi ainsi conçue : « Moi, Bérenger, je crois de cœur et je confesse de bouche que le pain et le vin sont substantiellement changés en la vraie, propre et vivifiante chair de Jésus-Christ et en son sang par le moyen de la prière sacrée et par les paroles de notre Rédempteur. »

Est-ce à dire que la transsubstantiation soit en partie l'effet de la prière que l'Église fait dire au prêtre avant la consécration ? Non, sans doute, si l'on entend par là que les paroles de Jésus-Christ n'auraient point, sans cette prière, la vertu nécéssaire pour changer le pain et le vin en son corps et en son sang. L'Eglise prie, et c'est Jésus-Christ seul qui agit, mais Jésus-Christ n'agit qu'à la prière de l'Eglise. Non seulement il emprunte les lèvres du prêtre, pour prononcer les paroles sacramentelles et opérer par ces paroles le « *mystère de foi* » et d'amour, mais encore il exige, pour agir, la volonté expresse de l'Eglise. Il ne suffit pas que les paroles créatrices du sacrement de son corps et de son sang soient prononcées d'une manière quelconque, pour réaliser ce qu'elles signifient, il est, de plus, nécessaire que l'Eglise veuille user du pouvoir que lui a légué Jésus-Christ, et que le prêtre qui la représente s'inspire de cette même intention. Sans cette condition indispensable, la parole de Jésus-Christ n'effleurerait même pas les éléments du pain et du vin, elle se dissiperait aussi vaine et aussi impuissante à transsubstantier le pain et le vin que la parole de l'homme.

Le prêtre prie donc au nom de l'Eglise, avant de parler avec autorité au nom de Jésus-Christ ; il prie, et dans sa prière, il exprime l'intention, les désirs et les vœux de l'Eglise ; il invoque sur le pain et le vin la Toute-Puissance qui doit « *en faire le corps et le sang de Jésus-Christ* ». Sa courte prière n'est qu'une ardente supplication, mais on dirait, aux signes de croix qu'il multiplie en la récitant, qu'il veut la transformer en une formule sacramentelle. C'est le sacrifice de la croix qu'il va renouveler et c'est par les mérites de ce même sacrifice qu'il en a le pouvoir ; voilà le sens du geste sacré qu'il répète jusqu'à cinq fois. Qu'est-il ce prêtre et que peut-il ? Et il va faire un Dieu ! Certes, cette pensée serait capable de troubler sa raison, si la foi qui le met en présence de ce formidable mystère, ne lui montrait dans le souvenir toujours présent de la mort de Jésus-Christ le fondement de toutes ses espérances et la raison de tout ce qu'il ne peut comprendre. La croix ou plutôt l'amour qui y a attaché un Dieu, nous explique tout, même ce pouvoir incompréhensible donné à un homme de commander à Dieu, et de réduire l'Infini aux proportions et aux formes d'un peu de pain et de vin.

Mais, avant d'exercer un tel pouvoir, le prêtre demande à Dieu que « *son oblation* » soit « *bénie en toutes choses et par-dessus toutes choses* », c'est-à-dire qu'elle soit l'objet d'une parole qui ait tout l'effet qu'on peut attendre de la parole de Dieu, la bonne parole par excellence. La parole de Dieu, fait tout ce qu'elle dit ; la parole de Dieu c'est sa volonté, et Dieu peut tout ce qu'il veut.

« *Que cette oblation soit bénie, ô Dieu* », que ce pain et ce vin deviennent le corps et le sang de votre Fils parce que vous le voulez, et qu'après avoir été consacrés, ils servent à nous sanctifier. C'est ainsi que votre bénédiction aura tous ses effets, et dans le sacrement ou le mystère de votre Eucharistie, et dans nos âmes. En bénissant cette oblation, comme nous vous en prions, vous l'accomplirez vous-même *selon le rite éternel* que vous avez fixé. Toujours la même dans son essence invariable elle satisfait *votre justice* : elle remplit *les desseins de votre sagesse et de votre miséricorde ; elle est la seule qui mérite d'être agréée pour elle-même.*

Après avoir ainsi exprimé formellement l'intention de l'Eglise et la sienne, en demandant à Dieu que le pain et le vin « deviennent le corps et le sang de son fils très cher, Notre-Seigneur Jésus-Christ », le prêtre raconte à Dieu, aux anges et aux hommes, avec la simplicité et la concision propres au sublime, l'institution de l'Eucharistie à la dernière Cène.

Seigneur, c'est à genoux que je dois transcrire le texte trois fois saint de la consécration. J'adore chacun des mots qui le composent, car vous y avez mis votre puissance et votre bonté. Vous m'avez donné le droit de les prononcer chaque matin, et je sais qu'on ne saurait entendre, même au ciel, un langage plus magnifique. Mais ces mots que je répète, parce que vous me les avez appris, je les répète sans les comprendre, car je ne saisis qu'imparfaitement et sous une forme abstraite les vérités vivantes qu'ils expriment. Je les entendrais plus clairement, ces mots sacrés, si je vous aimais davantage, et surtout, ils ne tomberaient jamais de mes lèvres, sans vivifier mon âme. Pourtant, c'est avec la foi la plus entière, que je les dis chaque jour et que je vais les écrire. Le prêtre donc répète les paroles, il reproduit les gestes du Sauveur « *qui, la veille de sa passion, prit le pain dans ses mains saintes et vénérables, et ayant levé les yeux vers vous, Dieu son Père tout-puissant, vous rendant grâces, le bénit, le rompit et le donna à ses disciples en disant : « Prenez et « mangez-en tous : car ceci est mon corps. »*

« *Semblablement, après qu'on eut soupé, prenant aussi cet excellent calice dans ses mains saintes et vénérables et vous rendant pareillement grâces, il le bénit et le donna à ses disciples en disant : « Prenez « et buvez-en tous : car ceci est le calice de mon « sang, du nouveau et éternel testament, mystère de « foi, qui sera répandu pour vous et pour plusieurs « en la rémission des péchés. » « Toutes les fois que vous ferez ces choses, vous les ferez en mémoire de moi. »*

Encore une fois, Seigneur, je crois de toute mon âme que ces paroles sont toujours vivantes et toute-puissantes. Faites que dans le commentaire que j'en vais donner, je ne dise rien qui ne soit vrai et utile aux âmes.

Ce commentaire doit comprendre deux parties distinctes : l'explication des paroles liturgiques et l'exposition doctrinale du mystère qui est accompli par ces paroles.

La Pâque, on le sait, était la grande cérémonie religieuse des Juifs. Dieu avait lui-même institué cette fête, pour être un souvenir de la grâce qu'il avait faite à Israël, en le délivrant de la captivité d'Egypte, et une figure de celle qu'il voulait faire à toute l'humanité, en la délivrant de l'esclavage du péché, par le sacrifice de son Fils unique, Jésus-Christ. Toutes les cérémonies en étaient symboliques, en même temps que commémoratives, et formaient une prophétie de cette seconde délivrance à laquelle le monde aspirait. Le point capital de la Pâque était l'immolation et la manducation de l'agneau. Cet agneau immolé dans le temple, suivant un rite scrupuleusement observé, rappelait celui que les Juifs avaient mangé debout, ceints pour le voyage et le bâton à la main, au moment de leur départ pour l'Egypte, c'est-à-dire, au moment de leur passage de la terre d'esclavage à la terre de la liberté ; et c'est pourquoi le nom de la fête était *Pâque,* qui signifie passage. Le sang de l'agneau avait été le signe du salut pour les premiers-nés d'Israël, lorsque l'Ange exterminateur fut envoyé de Dieu pour frapper tous les premiers-nés des Egyptiens. En même temps qu'il consacrait ces grands souvenirs, l'agneau pascal figurait l'Agneau de Dieu qui effacerait les péchés du monde, la Victime incomparable dont le sang répandu préserverait de la mort éternelle tous ceux qui en seraient marqués. Ainsi l'immolation de l'agneau pascal, centre de l'ancien culte et centre du nouveau, forme le point de jonction des deux alliances.

Le jeudi matin, premier jour de la fête, les apôtres demandèrent à Jésus où ils iraient faire les préparatifs pour manger la Pâque. Jésus les en instruisit d'une manière qui marquait sa puissance. Il dit à Pierre et à Jean : « Allez à la ville : en y arrivant, vous rencontrerez un homme portant une cruche d'eau, vous le suivrez, et entrant dans la maison où il ira, vous direz au maître du logis : « Voici ce que dit notre Maître : « Mon temps est proche ; je viens faire la Pâque chez « vous avec mes disciples. Où est le lieu où je dois la « manger ? » Et lui-même vous montrera une salle haute, ornée de lits et disposée à l'avance. Préparez-y tout ce qu'il faudra. » Pierre et Jean obéirent, et sur le soir, accompagné des douze, Jésus vint au lieu qu'il avait choisi. Dès que les étoiles parurent, il se mit à table et ses disciples avec lui.

Le repas pascal était une véritable cérémonie religieuse. Notre-Seigneur en observa ponctuellement tous les rites, et l'agneau fut mangé comme le prescrivait la loi de Moïse. C'était proprement la Cène. On faisait ensuite un autre repas plus libre. C'est pendant ce second repas que la réalité succéda aux figures et que la véritable Eucharistie fut instituée. « Sachant que son heure était venue, de passer de ce monde à son Père, et que Judas lui-même, livré à Satan, avait résolu de le livrer aux Juifs, il voulut donner aux siens, qu'il avait toujours aimés, la plus grande marque d'amour. » Il va mourir, il désigne celui de ses disciples qui se prépare à le trahir, qui, dans deux heures, le mettra entre les mains de ses ennemis, « il se trouble en esprit » de sa mort prochaine, ou plutôt de la trahison, du crime de Judas. Et dans cet état, parmi ce trouble, et la mort, pour ainsi parler, déjà présente, il institue le sacrement de son corps et de son sang, pour nous laisser un mémorial de sa mort, et la perpétuer en quelque sorte parmi nous.

Voilà le premier souvenir qu'il faut nous rappeler chaque fois, au moment de la consécration ; revoyons en esprit le moment où fut accompli ce mystère et laissons-nous pénétrer, par la pensée des préparatifs affreux du sacrifice sanglant de notre Sauveur. Remplissons-nous donc la mémoire de la mort de Notre-Seigneur et, au moment d'en célébrer le mémorial, « offrons notre corps, comme dit saint Paul, ainsi qu'une hostie vivante, sainte et agréable (1) ». « Humilions-nous avec celui qui, se sentant égal à Dieu, n'a pas cessé de s'anéantir lui-même, en se rendant

____

(1) Rom., XII, 1.

obéissant jusqu'à la mort, et à la mort de la croix (1). »

Comme le repas touchait à sa fin, « Jésus prit du pain *entre ses mains saintes et vénérables* ». Ces derniers mots ne sont pas dans l'Evangile, mais ils forment le complément naturel de l'expression évangélique, et ils ont la même origine. Ce sont les apôtres qui ont livré à l'Eglise le texte intégral des paroles de la consécration. Les mains de Notre-Seigneur représentent sa puissance qui ne fait nulle part de plus grandes merveilles que dans ce mystère. C'est dans sa toute-puissance qu'il nous faut considérer et adorer en le voyant « *prendre du pain entre ses mains saintes et vénérables* ». Le pain qu'il prit pour le consacrer était azyme ; on n'en mangeait point d'autre dans le repas pascal. Il prit du pain, c'est-à-dire la chose la plus commune, que Dieu donne au pauvre comme au riche, que l'on a toujours sous la main, la chose enfin dans laquelle l'humanité communie. L'homme vit surtout de pain dans tous les pays où la terre ne se refuse pas à lui donner du blé.

Jésus, « *ayant levé les yeux au ciel, vers Dieu, le Père tout-puissant, lui rendant grâces bénit* » le pain. « Lorsqu'il multiplia les pains, il regarda le ciel, et c'était une manière de s'y adresser pour l'ouvrage qu'il voulait faire. Et l'Eglise a tellement entendu que cette action était naturelle à Jésus-Christ, qu'elle l'a suppléée dans la bénédiction de la Cène, en disant, dans le canon, que Jésus leva les yeux à Dieu son Père tout-puissant, quoique cela ne soit point marqué dans les écrivains sacrés qui ont récité cette sainte action (2). » Mais pourquoi lever les yeux au ciel et y chercher Dieu qui est partout ? Sans doute, Dieu est sur la terre comme au ciel, puisqu'aucune de ses créatures ne peut subsister sans lui, mais il ne fait pas

(1) Philip., ii, 6, 8.
(2) *Méditations sur l'Evangile*, XXXV° Jour.

éclater partout sa puissance. Quand l'homme lève les yeux vers la voûte azurée qui lui verse pendant le jour la lumière et la chaleur, et que la nuit parsème d'étoiles, sa pensée va plus loin encore, il entrevoit le ciel où Dieu fait resplendir sa gloire aux regards de ses élus. C'est là surtout que Dieu est présent parce que c'est là « qu'il se montre tel qu'il est ».

Les évangélistes ne parlent des actions de grâces de Jésus-Christ qu'en les joignant à quelque grand miracle, à la multiplication de cinq pains et de deux poissons (1), à une autre multiplication de sept pains et de quelques poissons (2), et à la résurrection de Lazare (3). Il rend grâces à son Père de la toute-puissance qu'il lui a donnée et qu'il va exercer avec lui ; il lui rend grâces aussi de sa grande bonté pour son Eglise, puisqu'il veut bien qu'il institue et qu'il lui laisse le sacrifice de son corps et de son sang, afin qu'elle puisse lui rendre, jusqu'à la fin des siècles, un culte digne de lui, et qu'elle y trouve les grâces qu'il lui allait mériter par le sacrifice de la croix (4).

« Lorsqu'il est dit du Sauveur qu'il bénit le pain et le calice, il est permis de croire qu'il a fait cela par le signe de la croix et a fourni ce signe à l'Eglise pour sa liturgie (5). » Dans tous les cas, cette bénédiction, quelle qu'en ait été la forme, n'était pas encore la consécration, mais la préparait ; c'était un appel suprême que Notre-Seigneur adressait comme homme et comme grand-prêtre, à la toute-puissance qu'il allait exercer, comme Dieu, en union avec le Père et le Saint-Esprit, dans le changement du pain et du vin.

(1) Joan., VI.

(2) Marc, VIII.

(3) Joan., II.

(4) Lebrun. *Explication des prières et des cérémonies de la Messe*.

(5) Oswald, *Eschatologie*.

Après avoir béni le pain qu'il tenait entre ses mains, Jésus « le rompit » et en déposa les fragments sur un plat, comme il avait précédemment rompu les pains azymes avant de manger la Pâque. « Cette fraction du pain dans la cène légale symbolisait les souffrances qu'avait autrefois endurées le peuple Juif ; elle figurait, dans la cène eucharistique la passion et l'immolation de Notre-Seigneur Jésus-Christ. On sait que ce rite, imité par les apôtres et leurs successeurs, avait fait donner aux mystères eucharistiques le nom de « fraction du pain » dans la primitive Église (1).

Jésus ne communia pas les Apôtres d'après le mode aujourd'hui usité dans l'Eglise ; il leur déposa successivement dans la main, un morceau de pain consacré, usage qui s'est conservé durant les cinq premiers siècles du christianisme. Cela ressort de ces mots : *Et il le donna à ses disciples en disant* : « *Prenez et mangez-en tous ;* mais il ne fit cette distribution que lorsqu'il eut achevé la formule sacramentelle : « *Car ceci est mon corps.* »

Notre-Seigneur dit ces dernières paroles comme les précédentes, du même ton simple et grave, sans hausser la voix, sans accentuer davantage l'expression. Mais quelle autorité et quelle puissance dans ces mots si nets et si précis : « *Ceci est mon corps ;* » à l'instant même ces fragments de pain qu'il vient de rompre et qu'il distribue à ses disciples, c'est son corps ; rien n'est changé en apparence, tout est changé dans le fond, c'est son corps. Qui peut parler ainsi, sinon Celui qui a tout en sa main ? Qui peut se faire croire, sinon Celui pour qui faire et parler c'est la même chose ?

« Un profond silence accueillit ces paroles, silence d'étonnement sans doute, mais aussi d'une foi humble et soumise, car tous gardaient la promesse faite au bord

(1) Cf., Act., ii, 42 ; — I Cor., x, 16, etc. ; — *La sainte Bible* de Fillion ; — Evangile selon saint Matthieu.

du lac : « Le pain que je vous donnerai, ce sera ma chair pour la vie du monde. Ma chair est vraiment viande et mon sang vraiment breuvage. » Si Judas répéta secrètement les murmures des Carphanaïtes, il n'en fut pas ainsi des autres disciples ; pour eux nul doute ; la parole de Jésus n'était ni une figure vide de sens, ni une comparaison obscure ; elle leur montrait sous les apparences du pain, la chair de Dieu fait homme (1). » Tout était fait, tout était dit, tout était expliqué par l'affirmation du Maître ; ils se turent, ils crurent, ils adorèrent. Ils prirent et mangèrent le corps du Seigneur sous la forme d'un fragment de pain azyme ; ils s'unirent à Jésus corps à corps, esprit à esprit, dans les transports de la foi la plus vive et de l'amour le plus ardent. L'un d'eux, pourtant, fit une communion sacrilège qui hâta sa perte ; quelques instants après, il sortait de la table sacrée pour aller à la trahison, au désespoir et à la mort.

« *Le repas était terminé ;* » la coupe qu'on buvait avant les derniers chants venait d'être versée, Jésus « *prenant cet excellent calice dans ses mains saintes et vénérables, rendit grâces et le bénit,* » comme il avait fait pour le pain, *et le donna à ses disciples en disant* : « *Prenez et buvez-en tous.* » D'autres rites, ceux-là même que le prêtre reproduit chaque jour en consacrant le vin, durent être pratiqués par Jésus : il éleva légèrement la coupe et regarda le ciel, comme devait faire le père de famille pendant le festin de la Pâque. Notre-Seigneur continue : « *Car ceci est le calice de mon sang, du nouveau et éternel testament, mystère de foi, qui sera répandu pour vous, et pour beaucoup, pour la rémission des péchés.* » Quelle netteté ! quelle précision ! quelle force ! Cette fois encore à peine ces paroles : « Ceci est le calice de mon sang » étaient-elles prononcées, qu'il n'y avait plus dans le calice, sous

(1) *La Vie de Notre-Seigneur Jésus-Christ,* par l'abbé Fouard, t. II, p. 284.

l'apparence du vin, que le sang de Jésus-Christ. Les apôtres le crurent avec la même simplicité que le disait Notre-Seigneur. Le calice circula de main en main et tous communièrent au sang comme ils avaient communié au corps de leur Maître. Judas, lui aussi, but le sang divin, et consomma son abominable sacrilège. Il n'entendit pas la voix « de ce sang qui parle mieux que celui d'Abel (1) », qui lui disait de se repentir et qui devait bientôt crier vengeance.

Après avoir entendu la lecture de la loi, le peuple d'Israël répondit tout d'une voix : « Nous ferons tout ce que le Seigneur a dit. » Moïse, prenant alors le sang des victimes qui avaient été immolées au pied du Sinaï, en aspergea le peuple en disant : « Ceci est le sang de l'alliance que Dieu a faite avec vous, » c'en est le sceau. Le Sauveur fit évidemment allusion à cette parole de Moïse, lorsqu'il offrit à ses apôtres « *le sang du nouveau et éternel testament ou de la nouvelle et éternelle alliance* ».

Un nouveau peuple de Dieu où toutes les nations pourront entrer, va succéder à l'ancien, une nouvelle loi lui est donnée ; d'autres promesses lui sont faites, « les promesses de la vie éternelle », c'est une alliance nouvelle de Dieu avec son peuple, et qui ne sera jamais brisée. Jésus-Christ, le chef de ce nouveau peuple, scelle l'alliance nouvelle qui l'attache à Dieu, non plus du sang des animaux, mais de son propre sang, « qui va être répandu pour la rémission des péchés ». Mais ce sang de la nouvelle alliance, au lieu d'en asperger le peuple, il le lui donne à boire. « *Buvez-en tous, dit-il, car c'est mon sang, le sang de la nouvelle alliance, le sang répandu en rémission des péchés* (2). » « Cette différence des deux testaments, dit Bossuet, est pleine de mystère. »

Une des raisons qui étaient données aux anciens

(1) Heb., xii, 21.
(2) Matth., xxvi, 21.

pour ne point manger le sang, c'est « à cause qu'il était donné, dit le Seigneur, afin qu'étant répandu autour de l'autel, il soit en expiation de nos âmes, et en propitiation pour nos péchés ; et pour cela j'ai recommandé aux enfants d'Israël et aux étrangers qui demeurent parmi eux de n'en manger point (1) ». On leur défend de manger du sang, *à cause qu'il est répandu pour la rémission des péchés ;* et au contraire le Fils de Dieu veut qu'on le boive, *à cause qu'il est répandu pour la rémission des péchés.*

C'est pour la même raison qu'il était écrit : « Toute victime qu'on immolera pour expier le péché dans le sanctuaire ne sera pas mangée, mais elle sera consumée par le feu (2) » ; et cette observance signifiait que la rémission des péchés ne pouvant pas s'accomplir par les sacrifices de la loi, ceux qui les offraient, demeuraient sous l'interdit et dans une espèce d'excommunication, sans participer à la victime qui était offerte pour le péché. Mais, par une raison contraire, Jésus-Christ ayant expié nos âmes, et ayant parfaitement accompli la rémission des péchés par l'oblation de son corps et l'effusion de son sang, il nous ordonne *de manger ce corps livré pour nous et de boire le sang de la nouvelle alliance versé pour la rémission des péchés,* pour nous montrer qu'elle était faite, et que nous n'avions plus qu'à nous l'appliquer (3) ».

« Hélas, s'écrie saint Jérôme, ce sang ne purifie pas tous les hommes ; il est cependant versé pour tous. Judas était parmi les Apôtres, quand Notre-Seigneur leur disait qu'il allait répandre son sang pour eux ; le Sauveur ne l'excluait pas de la grâce de la Rédemption, et au contraire, tant que le traître resta près de lui, il s'attacha à le toucher de componction et à le convertir. » Le sang de Jésus-Christ a coulé « pour

(1) Lévit., XVII, 11, 12.
(2) Lévit., VI, 30.
(3) *Méditations sur l'Evangile,* XXVme Jour.

les Apôtres et pour beaucoup d'autres », c'est-à-dire pour tous les hommes, mais il y en a, et un grand nombre, sur qui, comme sur Judas, le sang rédempteur est tombé pour la justice et non pour la miséricorde.

Ainsi Dieu mit le comble à son amour et à ses dons : « Dieu a tant aimé le monde qu'il a donné son Fils unique, afin que celui qui croit en lui ne périsse point mais qu'il ait la vie éternelle (1) ». Il l'a donné premièrement, quand il l'a fait Fils de l'homme d'une manière admirable, incompréhensible. Il l'a donné en second lieu quand le Fils de l'homme, qui est en même temps le Fils de Dieu, fut élevé à la croix et donné pour nous en sacrifice. Enfin il nous le donne une troisième fois, quand il nous donne à manger sa chair immolée, comme un gage certain que c'est pour nous que le Fils de Dieu l'a prise et l'a offerte, et qu'elle est tout à fait à nous. Pour que son Fils éternel et immortel pût mourir, il l'a fait homme ; pour que nous puissions manger la chair et le sang de son Fils, il revêt cette chair de la forme du pain, et ce sang de la forme du vin. L'amour de Dieu a fait pour nous l'impossible ; ce que la nature ne peut faire, ni la raison comprendre. Il est allé pour nous, si l'on peut ainsi dire, jusqu'au bout de son amour et de sa puissance, la dernière merveille qu'il lui a plu d'accomplir, en même temps qu'elle suppose les autres, semble les dépasser.

C'est pourquoi Notre-Seigneur l'appelle « le mystère de la foi », c'est-à-dire le mystère le plus universel et le plus impénétrable, que l'on ne peut croire sans les croire tous, et qui pousse plus loin que tous, leur objet commun, l'anéantissement de la divinité. Mais, par un effet merveilleux de la divine Providence, le mystère qui impose à la raison le plus grand sacrifice, est en même temps l'aliment de la foi. « C'est le pain de l'intelligence ; » l'âme qui s'en nourrit se sent atti-

____

(1) Joan., III, 16.

rée vers la vérité ; « elle est enseignée de Dieu, elle
entend, pour ainsi dire, la voix de Dieu » ; elle croit
sans effort, comme le cœur bat, par le seul mouvement
de la vie qui l'anime, elle croit parce qu'elle aime ; il
lui semble même qu'elle comprend les mystères qu'elle
croit, tant sa foi, fille de l'amour, est simple et facile.

Après avoir donné à ses disciples son corps à manger et son sang à boire, Notre-Seigneur leur fit un
autre don peut-être encore plus étonnant. Il avait dit
après la consécration du pain : « *Faites ceci en mémoire de moi* (1). » Il ajouta après la consécration du
vin : « *Toutes les fois que vous ferez ces choses, faites-
les en mémoire de moi.* » Prenez du pain et dites en
mon nom : « *Ceci est mon corps* », et le pain que vous
aurez dans les mains, comme celui que j'ai dans les
miennes, se changera en ma chair. Prenez une coupe
dans laquelle vous aurez versé du vin et dites : « *Ceci
est le calice de mon sang* », et cette coupe ne contien-
dra plus que mon sang sous la forme du vin. Faites
cela vous et vos successeurs :

« *Chaque fois que vous ferez ces choses* », j'accom-
plirai moi-même et de la même façon, la merveille
que je viens d'opérer. C'est ainsi que vous rappellerez
sans cesse que je suis mort pour vous, en reprodui-
sant sous la forme que je vous ai montrée et par la
vertu de ma parole, mon corps et mon sang et leur
séparation ; en mangeant ma chair ainsi immolée et
mon sang ainsi répandu, vous imprimerez dans vos
cœurs un souvenir plus vif et plus efficace de mon
sacrifice et vous en recueillerez le fruit qui est la
vie éternelle. « Vos pères ont mangé la manne et ils
sont morts ; celui qui mangera de ce pain vivra éternellement (2). » C'est ainsi que fut créé en même temps
que le sacrement de l'autel, le sacerdoce chrétien des-
tiné à le perpétuer.

(1) Joan., III, 16.
(2) Joan., VI, 59.

En terminant le récit de l'institution de l'Eucharistie, nous devons faire remarquer que Notre-Seigneur l'établit « dans un banquet ordinaire, en conversant à l'ordinaire avec ses disciples, sans marquer de distinction entre ce qui regardait le repas commun, et ce qui regardait ce divin repas où il devait se donner lui-même (1). » « Il semble que le repas eucharistique ne fasse qu'une partie du repas commun que Jésus fit avec les siens (2). » C'est parmi les hommes, une marque de société que de manger et de boire ensemble. On entretient l'amitié par cette douce communication ; on partage ses biens, ses plaisirs, sa vie même avec ses amis ; c'est une manière de leur dire qu'on ne peut vivre sans eux, et que la vie n'est pas une vie sans leur société. Aussi la béatitude céleste nous est-elle représentée comme un banquet où nous partagerons tous éternellement la même joie. Notre-Seigneur en instituant l'Eucharistie dans le dernier repas qu'il fit avec ses disciples a voulu montrer qu'elle est, tout à la fois, un lien de société pour les chrétiens et la promesse du festin éternel « où nous serons enivrés et transportés de la volupté du Seigneur ». « C'était aussi dans les festins que les premiers chrétiens célébraient l'Eucharistie, comme saint Paul le fait bien voir dans la première Épître aux Corinthiens. Le festin de l'Eucharistie conserva toujours cette forme primitive, jusqu'à ce que les abus la firent changer ; mais elle n'en a pas moins la force d'un banquet d'union et de société entre les frères et d'espérance pour le repas éternel de Dieu (3). »

Jésus-Christ a donné un grand pouvoir à son Eglise dans la dispensation de ses mystères. Il institua l'Eucharistie, le soir, dans un repas ; les apôtres observèrent cette institution. Néanmoins l'Eglise a non seu-

(1) *Méditations sur l'Evangile*, LII° Journée.
(2) *Méditations sur l'Evangile*, LII° Journée.
(3) *Ibid.*

lement cessé de faire ce que Jésus-Christ avait fait, et les apôtres, suivi ; mais encore elle a pris la liberté d'interdire sévèrement cette pratique.

L'Eucharistie a été séparée de tout repas vulgaire ; c'est le matin, avant de prendre toute autre nourriture qu'il faut maintenant la recevoir. L'Eglise, fidèle interprète des volontés de Notre-Seigneur, sait ce qui appartient essentiellement à son institution ; elle a dispensé, selon le temps et les conjonctures, mais toujours sûrement, les sacrements dont elle a la garde.

Non seulement l'Eglise a séparé l'Eucharistie des circonstances qui l'accompagnaient à l'origine, mais elle l'a entourée de prières et de cérémonies que Notre-Seigneur n'y avait pas jointes. Tout ce qu'elle a ajouté doit être observé, comme tout ce qu'elle a retranché doit être omis ; mais, soit qu'elle ajoute, soit qu'elle retranche, elle ne touche pas à la substance de l'institution divine. Le prêtre *fait* toujours ce qu'a *fait* Notre-Seigneur en prenant du pain et du vin et en disant au nom de Jésus-Christ : « *Ceci est mon corps, ceci est le calice de mon sang,* » il accomplit le même rite et avec la même efficacité. Là, est l'essence de l'Eucharistie. Les vues de Dieu sont simples ; il lui suffit d'un mot pour faire ce qu'il veut, parce qu'il attache à ce mot sa toute-puissance. Mais l'homme n'entre qu'à grands efforts de méditation et de prière dans les pensées de Dieu ; c'est pour cela que l'Eglise, par condescendance pour la faiblesse humaine, a encadré le rite eucharistique de prières et de cérémonies.

CHAPITRE V

Le Sacrifice Eucharistique.

Il nous reste, après avoir exposé ce mystère dans sa synthèse historique, à l'exposer avec cette précision dogmatique qui lui a été imprimée dans le cours des âges. Par une économie de la Providence, merveilleusement adaptée à la nature de l'esprit humain, les vérités de la foi furent confiées à l'Eglise comme autant de germes qu'elle devait développer le long des siècles, pressée surtout par les attaques de l'erreur. Elle n'enseignera jamais rien qu'elle n'ait toujours cru ; mais si sa croyance est éternellement la même, la forme de son enseignement se précise de plus en plus, à chacune des affirmations solennelles que son devoir l'oblige à établir. C'est ainsi, que tantôt un point de foi reçoit un nouveau relief, soit de l'expression qui le définira désormais, soit de l'anathème lancé contre l'erreur opposée ; tantôt un élément de vérité, jusque-là indistinct et laissé dans l'ombre, est démêlé de l'ensemble du dogme et mis en lumière. La doctrine de l'Eucharistie a subi, plus qu'aucune autre peut-être, cette élaboration progressive ; c'est, pour ainsi dire, un édifice achevé auquel on peut croire que l'avenir n'ajoutera plus rien, tant l'Eglise en a, par sa définition, nettement arrêté les lignes et les contours.

Le génie même, après avoir sondé en tous sens le dogme de l'Eucharistie, n'y a rien découvert qui contredit les lois de la raison ; mais il a dû replier ses ailes devant les augustes profondeurs du mystère et l'adorer sans le comprendre. Du reste, qu'est-ce donc que nous comprenons véritablement ? Nous ne comprenons ni la matière, ni l'âme, ni la pensée, ni la parole, ni le mouvement, ni la volonté ; en vérité, nous ne comprenons rien, ni en nous, ni hors de nous. Il y a même dans les choses qui nous semblent les plus claires, un dernier pourquoi, un dernier comment qui nous échappe, et à parler exactement, la nature d'un grain de sable ne dépasse pas moins notre raison que le mystère de l'Eucharistie. Nous pouvons décrire les propriétés d'un grain de sable, en analyser les éléments, expliquer les uns par les autres ; mais nous n'allons pas loin dans nos explications, sans rencontrer le point où nous n'avons plus de réponse aux questions que nous posons, de sorte que la chaîne des vérités établies, quelle qu'en soit la solidité, demeure suspendue dans le vide. On peut donc dire ainsi que « ne sachant le tout de rien », nous ne comprenons rien.

Nous croyons, sur la parole de Notre-Seigneur, le mystère de l'Eucharistie, qui, du reste, est d'autant plus croyable, a-t-on dit, qu'il est plus incompréhensible. L'homme n'invente pas ce qu'il ne comprend pas ; il crée et se persuade l'absurde ; mais ce qui dépasse la raison sans la choquer, n'est point son œuvre ; quand l'homme a voulu raisonner au sujet de l'Eucharistie, il n'a su faire que deux choses, ou nier le mystère, ou se contredire, en essayant de le rabaisser au niveau de son jugement. Il n'a donc pas imaginé ce qu'il est, laissé à lui-même, ou condamné à rejeter, ou incapable d'expliquer raisonnablement.

L'Eucharistie est tout à la fois un sacrement et un sacrifice, et les deux aspects de ce mystère sont si étroitement liés qu'il est impossible de les exposer l'un sans l'autre. Bien que nous n'ayons à considérer dans ce chapitre que le sacrifice, nous déduirons ici la chaîne des vérités, quel qu'en soit l'objet, qui jettent quelque jour sur cette incompréhensible immolation.

La parole de l'homme signifie seulement ; celle de Dieu opère en même temps ce qu'elle signifie ; elle crée ce qu'elle dit. La terre n'était point, le ciel n'était point, la mer n'était point. Dieu parle, ces choses existent.

La même parole qui a fait ce qui n'était point, fait que ce qui est, demeure, ou tombe, ou se transforme ; elle peut faire que sans tomber ni se transformer, il soit changé.

Ceci est mon corps, dit Notre-Seigneur par la bouche du prêtre, qui tient du pain entre ses mains, et dès lors, ce n'est plus du pain, mais le corps de Jésus-Christ. *Ceci est mon sang,* et le calice que le prêtre élève au-dessus de sa tête ne contient plus du vin, mais le sang de Jésus-Christ : « La parole de Dieu opère ce qu'elle signifie. » Cependant elle n'a rien changé aux apparences du pain et du vin ; nos sens perçoivent, après comme avant la consécration, la même couleur, la même forme, la même odeur, en un mot les mêmes propriétés. Même les propriétés les plus intimes, comme par exemple la propriété nutritive, subsistent après la consécration. C'est qu'en effet, il y a dans un corps quelconque deux choses intimement unies et parfaitement distinctes : la substance de ce corps et ses propriétés sensibles. La substance est l'être même du corps, ce par quoi il est tout ce qu'il est et non un autre, il a ou peut avoir telles propriétés et non d'autres. Les propriétés naissent de la substance, et y sont attachées, mais s'en distinguent, puisqu'elles peuvent changer, sans que la substance cesse d'être la même. Nous ne percevons d'un corps que ses propriétés. Quant à sa substance, qui est le fond même de son être, elle échappe à nos sens, notre imagination ne saurait se la représenter, la raison seule la conçoit comme le support et le principe nécessaire de toutes les propriétés.

La parole de Dieu, dans la consécration, « opérant seulement ce qu'elle signifie », élimine donc du pain et

du vin, ce qui est proprement le pain et le vin, c'est-
à-dire leur substance ; elle ne touche pas aux apparences, c'est-à-dire aux propriétés sensibles. Du même
coup elle place sous ces apparences, sous ces *espèces,*
pour employer le mot consacré, ce qui est proprement
le corps et le sang de Jésus-Christ, c'est-à-dire la substance du corps et du sang de Jésus-Christ sans leurs
apparences ou *espèces.* Le changement qui se fait à la
consécration est donc ainsi un changement de substance, une *transsubstantiation.* La raison se forme de
ce changement une idée très nette, puisqu'elle distin-
gue nécessairement, nous venons de le voir, la substance de ses propriétés. Mais, comment la substance
peut-elle être séparée de ses propriétés, de manière
que, d'un côté, les propriétés sensibles du pain et du
vin subsistent sans leur substance, et que de l'autre,
la substance du corps et du sang de Jésus-Christ soit
dépouillée de ses propriétés sensibles ? Comment la
substance du corps et du sang de Jésus-Christ remplace-
t-elle la substance du pain et du vin ? A cette double question, la raison n'a pas de réponse, parce que la nature
ne lui fournit pas d'exemple ni d'une séparation aussi
profonde, ni d'une semblable substitution. Voilà le mystère dont Dieu s'est réservé la clef et qu'il impose à
notre foi. « Je ne puis dire *comment* cela est ; mais je
dis : pourquoi cela ne serait-il pas ? Qu'est-ce qui s'y
oppose ? Que sais-je de la substance et de la matière ?
Juste autant que les plus grands philosophes, c'est-à-
dire rien du tout (1). »

La parole de Dieu nous est une garantie absolue
que ce changement de substance est possible et qu'il
s'accomplit. Ce mystère n'est en soi ni plus ni moins
difficile à croire qu'un autre : l'essence propre de tout
mystère, c'est d'être incompréhensible.

D'ailleurs il importe peu que Dieu ait accumulé dans

---

(1) Newmann, *Histoire de mes opinions religieuses* (traduc-
tion, p. 369).

celui-ci, les prodiges, puisque la raison n'a pour se soumettre, qu'un point à examiner, à savoir si Dieu a parlé. La parole de Dieu est ici très nettte et très catégorique ; entendons clairement et croyons fermement ce qu'elle nous dit : toute autre conduite serait non seulement coupable mais absurde, car, s'il y a une vérité incontestable pour la raison, c'est que Dieu peut faire une infinité de choses que nous sommes incapables de comprendre.

Après la consécration, il ne reste donc du pain et du vin que les propriétés ou les apparences. Séparées de leur substance propre, s'attachent-elles au corps et au sang de Jésus-Christ, qui sont en même temps dépouillés de leurs qualités sensibles ? Non, sans aucun doute ; il n'y a entre la substance du corps et du sang de Jésus-Christ et les espèces du pain et du vin qu'un simple lien de coexistence et de concomitance. Il est bien évident que le corps et le sang de Jésus-Christ ne sont pas le *support* des espèces du pain et du vin, puisqu'il n'en sont pas le principe. Ces espèces subsistent par la seule action de la toute-puissance divine aussi longtemps que le corps et le sang de Jésus-Christ demeurent présents, pour leur servir, tout à la fois, de voile et de signe. Du reste, la parole de Dieu, et il faut s'en tenir exactement à ce qu'elle signifie, laisse subsister les propriétés du pain et du vin, mais ne nous dit pas qu'elles deviennent les propriétés du corps et du sang de Jésus-Christ. « Ceci est mon corps, » affirme Notre-Seigneur, et, en même temps rien n'est changé aux apparences du pain : croyons qu'il y a sur l'autel les apparences du pain, puisque nous les voyons, et le corps de Jésus-Christ que nous ne voyons pas, puisqu'il nous le dit. Si nous bornons notre croyance à la parole de Dieu et au témoignage de nos sens, nous ne pouvons donc reconnaître entre le corps de Jésus-Christ et les espèces du pain qu'un rapport de coexistence.

La parole de Dieu étant le seul principe et la seule

règle de notre croyance dans le mystère de l'Eucharistie, nous devons admettre logiquement que ce mystère s'accomplit toutes les fois et dans tous les lieux où cette parole est prononcée, selon le rite déterminé par Notre-Seigneur. « Toutes les fois que vous ferez ces choses, a t-il dit, vous les ferez en mémoire de moi, » c'est-à-dire, vous ferez ce que je viens de faire moi-même, mon corps sera sous les apparences du pain, mon sang sous les apparences du vin.

Ici encore, ne demandez pas comment cela se fait, comment le corps et le sang de Jésus-Christ peuvent se trouver à la fois dans tous les lieux où un prêtre prononce sur du pain ou du vin les paroles de la consécration. Jésus-Christ ne met pas de limites à sa promesse, il n'y en a donc pas et c'est là tout ce que vous avez besoin de savoir. On peut vous dire cependant que le corps et le sang de Jésus-Christ sont dans le sacrement de l'Eucharistie, à l'état de simple substance. Or, la substance en elle-même n'est pas limitée, circonscrite en un lieu, comme le corps que nous voyons. Votre âme est à la fois et tout entière dans chacune des parties de votre corps qu'elle anime. Ainsi en est-il de la substance : elle est partout et elle n'est nulle part, puisqu'elle n'occupe aucune portion de l'espace. La substance de l'air est aussi bien dans la bulle d'air que vous aspirez, que dans l'immense atmosphère, au milieu de laquelle se balance le monde terrestre. La substance du corps et du sang de Notre-Seigneur se trouve de même, sans avoir besoin, ni de se multiplier, ni de se déplacer, partout où l'appellent les paroles de la consécration. Par la même raison, elle se trouve tout entière dans chaque partie des espèces comme notre âme dans chaque partie de notre corps. Cette explication, d'ailleurs, ne nous fait pas comprendre l'incompréhensible ; elle n'a qu'un but, c'est de nous montrer que la raison ne saurait élever aucune objection recevable contre la parole de Dieu.

Nous avons jusqu'ici parlé du mystère de l'Eucharistie comme si les espèces du pain n'y recouvraient que le corps seul de Jésus-Christ et les espèces du vin son sang seul aussi.

C'est qu'en effet la parole de Dieu n'y opère que ce qu'elle signifie. Donc en vertu et par l'effet propre de ces mots sacramentels : « Ceci est mon corps, ceci est le calice de mon sang », il n'y a sous l'apparence du pain que le corps de Jésus-Christ, et sous l'apparence du vin que le sang de Jésus-Christ. Cependant, son corps, son sang, son âme, sa divinité, sont maintenant inséparables, parce que « Jésus-Christ ressuscité ne meurt plus ». Lorsque, par l'effet direct des paroles de la consécration, il met son corps sous l'apparence du pain, et son sang sous l'apparence du vin, il y vient tout entier. Il est tout entier sous chaque partie de chaque *espèce* ; il n'y a pas plusieurs Jésus-Christ, il n'y en a qu'un seul, et il est aussi bien dans une partie que dans le tout. Quand on divise les espèces, on ne divise pas Jésus-Christ, il est à la fois et le même, dans chaque partie.

Enfin il demeure sous les *espèces* consacrées aussi longtemps que ces *espèces* subsistent elles-mêmes. Qui pourrait mettre en doute s'il faut l'adorer sous ce voile qu'il lui plaît de revêtir, pour se cacher et se montrer tout ensemble, puisqu'il est présent, quoique invisible, vrai Dieu et vrai homme, avec toute sa puissance et tous ses dons, comme dans le ciel. La seule différence entre le ciel et l'Eucharistie est dans la manière dont Notre-Seigneur se met ici et là, en rapport avec les âmes ; il apparaît dans le ciel, tel qu'il est, à découvert ; dans l'Eucharistie, nous ne le connaissons que par la foi et nous sommes libres de lui refuser nos hommages.

Après avoir décrit dans ses lignes essentielles, le mystère que *fait* la parole de Dieu, il nous reste à montrer que ce mystère est un sacrifice. L'Eglise a déclaré que l'on offre sur l'autel la même hostie qui fut immolée sur la croix. « Les cieux s'ouvrent, je perce

au-dedans du voile ; j'entre dans le sanctuaire éternel,
et j'y vois avec saint Jean devant le trône « l'Agneau
comme tué (1) et autour les vingt-quatre vieillards
vénérables ». C'est ce que je vois dans le ciel, c'est ce
je vois sur la terre. Là, Jésus, comme mort, comme
tué avec les cicatrices de ses plaies, au milieu de ses
saints ; ici, le même Jésus, encore comme tué et revêtu
des signes sacrés de la mort violente qu'il a soufferte,
environné de part et d'autre de l'assemblée de ses
prêtres. Que nous dit saint Paul de ce Jésus considéré
dans le ciel ? « Qu'il paraît pour nous devant la face
de Dieu, qu'il est dans le ciel toujours vivant afin d'intercéder pour nous (2), qu'il intercède pour nous en
sa présence. Et que dirons-nous, à son exemple, de ce
Jésus posé sur le saint autel, sinon que sa seule présence, et la seule représentation de sa mort est une inter-
cession perpétuelle pour le genre humain (3) ». Jésus-
Christ « dans une figure de mort », s'offrant à son Père,
voilà donc le sacrifice eucharistique.

Il y a ainsi deux éléments essentiels dans le sacrifice de l'autel : l'un tout intime, l'acte volontaire par
lequel Jésus-Christ s'offre pour nous à son Père sur
l'autel, comme il l'a fait sur la croix ; l'autre extérieur,
l'état de victime, « la figure de mort » qu'il imprime sur
l'autel à son corps et à son sang : le corps de Jésus-
Christ est « donné », « rompu », sur l'autel comme
sur la croix quoique d'une manière différente. Que
Jésus-Christ s'offre pour nous sur l'autel, « qu'il pa-
raisse pour nous devant la face de Dieu afin d'intercéder pour nous » : cela ne peut faire l'objet d'un
doute. Jésus-Christ est notre Sauveur, notre Rédempteur, et jusqu'à ce qu'il aura réuni dans le sein de son
Père « tous ceux qui sont à lui », il ne cessera pas un

-----

(1) Apoc., v, 6
(2) Hebr., IX, 24 ; VII, 23.
(3) *Méditations sur l'Evangile*, LIX⁴ Jour.

instant de « se sanctifier », de s'offrir pour eux. Puisque Jésus-Christ est dans l'Eucharistie, il ne saurait s'y dépouiller des sentiments qui lui sont les plus essentiels.

Mais, en quoi consiste cette « figure de mort », cet état de victime que prennent son corps et son sang ? Comment ce corps est-il vraiment « rompu » et comment ce sang coule-t-il encore dans la coupe sacrée ? Comment la table devant laquelle se tient debout un homme que nous appelons le prêtre, est-elle véritablement, aussi bien que la croix, un autel ? Voilà ce qu'il est moins aisé de dire, et ce qu'il faut pourtant, en partie, du moins, expliquer.

Sur la croix, le sang de Jésus-Christ a été séparé de son corps, « il a coulé de toutes ses veines rompues » et son corps a été réduit à l'état de cadavre insensible, et sans mouvement propre. Nous voyons sur l'autel l'image frappante des mêmes phénomènes. Jésus-Christ dit : « Ceci est mon corps ; ceci est mon sang ; » c'est son corps, sous l'apparence du pain ; c'est son sang sous l'apparence du vin ; ils sont séparés, oui, séparés, le corps d'un côté, le sang de l'autre : « la parole a été l'épée, le couteau tranchant qui a fait cette sépation mystique. » En vertu de la parole, il n'y aurait là que le corps et rien là que le sang ; si l'un se trouve avec l'autre, c'est à cause qu'ils sont inséparables depuis que Jésus est ressuscité. Mais pour imprimer sur ce Jésus qui ne meurt plus, le caractère de la mort qu'il a véritablement soufferte, la parole vient, qui met le corps d'un côté, le sang de l'autre, et chacun sous des signes différents : le voilà donc revêtu du caractère de sa mort, ce Jésus autrefois notre victime par l'effusion de son sang, et encore aujourd'hui notre victime, d'une manière nouvelle, par la séparation mystique de ce sang d'avec ce corps (1). »

____

(1) *Méditations sur l'Evangile*, LVII° Jour.

Ainsi, à ne considérer que l'expression sensible, extérieure du sacrifice, c'est-à-dire, d'un côté, les paroles que le prêtre prononce, et de l'autre, les espèces du pain et du vin, le corps et le sang de Jésus-Christ nous apparaissent séparés. « Tel est le sacrifice des chrétiens, où la victime n'est présentement aperçue que par la foi, où le glaive est la parole qui sépare mystiquement le corps et le sang, où ce sang n'est par conséquent répandu qu'en mystère, et où la mort n'intervient que par représentation ; sacrifice néanmoins très véritable en ce que Jésus-Christ y est véritablement contenu et présenté à Dieu dans cette figure de mort (1). » Notre-Seigneur, « dans cette figure de mort », n'est-il pas en quelque sorte plus anéanti que sur la croix ? Il avait encore, au Calvaire, même après sa mort la forme humaine, et il était mort de façon à faire dire au centenier qui présidait au supplice : « Cet homme était vraiment le Fils de Dieu. » Mais, sur l'autel, que voyez-vous ? Un peu de pain, un peu de vin. La parole de Dieu est allée aux dernières divisions ; elle a ôté au corps et au sang de Jésus-Christ leurs propriétés les plus intimes pour ne nous en laisser que la nue et pure substance. Il est là, comme s'il n'était pas, invisible, sans mouvement, sans aucun rapport avec le monde extérieur ; il ne peut ni parler avec la bouche, ni saisir avec ses mains, ni marcher avec ses pieds ; il est comme une chose qui n'entend rien, qui ne voit rien et qui est à la merci de quiconque veut s'en emparer. Se peut-il voir un anéantissement plus entier, une dépendance plus absolue ? Tel est le sacrifice eucharistique « où la mort est partout et où néanmoins l'hostie est vivante », « sensible et spirituel, simple et auguste, humble et magnifique en même temps ».

Jésus-Christ est le vrai prêtre de ce sacrifice, comme il en est la victime. Mais il jette un voile sur sa fonction

(1) Exposition de la Doctrine catholique.

sacerdotale comme sur sa qualité de victime. On ne le voit pas, on ne l'entend pas se servant de la parole comme « d'une épée tranchante », pour faire les séparations nécessaires, nous ne voyons qu'un homme qui parle en son nom. Et telle est l'importance de cet homme que Jésus-Christ ne peut vouloir et faire le changement du pain et du vin en son corps et en son sang, ni par conséquent offrir son sacrifice, qu'en dépendance de celui qu'il a choisi pour être son interprète et son instrument. Si cet homme se tait, le sacrifice de Jésus-Christ est interrompu aussi longtemps qu'il garde le silence ; dès qu'il le veut, Jésus-Christ s'étend de nouveau sur la croix, il dispose à son gré et de l'heure et du lieu. Un morceau de pain, quelques gouttes de vin et deux petites phrases : voilà tout ce qu'il faut pour commander au Tout-Puissant, pour le réduire en un instant à l'état de victime.

Le sacrifice eucharistique aussi réel sous une forme différente, que celui de la croix, s'y rapporte et en dépend. Il en est la représentation : « Nous annonçons, en le célébrant, la mort du Seigneur, jusqu'à ce qu'il vienne pour juger les vivants et les morts (1). » Au Calvaire, l'aveugle fureur des hommes fut l'instrument de la justice divine ; sur l'autel, l'immolation s'accomplit par la toute-puissance de Dieu qui ne laisse pas de se servir encore de l'intermédiaire d'un homme ; mais le pieux murmure de la prière remplace désormais la violence des bourreaux et les injures d'une foule en délire.

Le sacrifice de la croix et celui de l'autel diffèrent par leurs effets autant que par leur forme. Notre-Seigneur s'offrait au Calvaire, pour expier les péchés du monde et mériter le salut de tous les hommes. Sur l'autel, il ne peut plus ni mériter, ni satisfaire ; de plus, l'efficacité du sacrifice eucharistique découle entièrement de la croix : Jésus-Christ ne s'offre plus mainte-

_____

(1) I Cor., xi, 26.

nant que pour appliquer les grâces qu'il a méritées par sa mort. Loin donc d'amoindrir la valeur et de rabaisser la dignité du sacrifice de la croix, le sacrifice eucharistique en fait au contraire éclater la grandeur et en proclame la nécessité. Il n'a été institué que pour « annoncer la mort du Seigneur » et en répandre les bienfaits : célébré tous les jours, il nous rappelle tous les jours que nous n'avons d'espoir que dans la croix de Jésus-Christ.

Cependant il a suffi que le Sauveur mourût une fois pour expier tous les péchés du monde et pour nous mériter un trésor de grâces que la libéralité de Dieu n'épuisera pas durant l'éternité.

Pourquoi faut-il maintenant un nombre incalculable de messes pour distribuer aux âmes des mérites acquis par une seule mort ? Assurément, Notre-Seigneur est aussi puissant « pour intercéder » qu'il l'a été pour mériter ; l'offrande qu'il fait est la même, c'est le prix infini de sa Rédemption. Encore une fois, d'où vient la nécessité où il est de « prier toujours jusqu'à la fin des temps, pour les âmes qu'il a rachetées » ? A cette question, nous n'avons qu'une réponse : Dieu a voulu que la prière de Jésus-Christ ne finît qu'avec nos besoins et que le sang Rédempteur criât miséricorde aussi longtemps que nos crimes provoqueraient sa justice. Quelle est donc l'efficacité réelle du sacrifice, et avec quelle abondance, chaque fois qu'il est offert, répand-il ses grâces ? Nous ne le savons pas. Deux choses cependant sont également certaines, c'est que Jésus-Christ « n'intercède » jamais en vain et que Dieu mesure les dons qu'il fait à ce moment aux dispositions de chacun. « Tous nous recevons alors de la plénitude » de notre Sauveur, quoique nous soyons inégalement partagés, et pour le redire encore une fois, Dieu qui fait tout dans le monde, ne fait rien nulle part, sans s'inspirer de la prière de Jésus-Christ.

On voit par là l'importance d'une seule messe, elle est capitale, et il est vrai de dire en un sens que les destinées de l'univers en dépendent ; une messe de plus ou de moins change le cours de la Providence.

Dès qu'il a prononcé les paroles de la consécration, le prêtre élève l'hostie pour offrir l'Agneau de Dieu immolé aux adorations des assistants ; de même pour le calice. Avant et après cette double élévation, il fléchit le genou et il suit des yeux le Saint Sacrement pendant qu'il le tient dans ses mains. « A la prière du prêtre, dit saint Grégoire le Grand, le ciel s'ouvre et les chœurs angéliques entourent l'autel. » C'est comme à la naissance du Sauveur. Hélas ! si Notre-Seigneur est assuré d'avoir partout une cour invisible, nos temples sont souvent plus déserts que l'étable de Bethléem. Aujourd'hui comme alors, la foule est ailleurs.

L'autel est un berceau où renaît tous les jours l'Homme-Dieu. C'est aussi et surtout un calvaire. Au moment de l'élévation, quand vous vous inclinez, si vous écoutez dans votre âme, vous entendrez Jésus-Christ vous dire : « Venez tous à moi », détachez-vous de la terre, « prenez votre croix et suivez-moi ». O Seigneur, je ne puis oublier non plus, chaque fois que j'élève au-dessus de ma tête votre Saint Sacrement, que vous viendrez un jour, « porté sur les nues, avec une grande gloire et une grande majesté ». Le genre humain alors sera tout entier devant vous, le front courbé, comme ces quelques fidèles qui vous adorent au moment de l'élévation. Nul n'osera se redresser sans votre permission, car vous serez le Maître reconnu de tous. Vous paraîtrez et d'une parole vous déciderez, pour l'éternité, du sort de chacun dans cette multitude innombrable qui répondra à votre sentence par des acclamations de triomphe mêlées d'inénarrables gémissements. O mon Dieu, de cette hostie, de ce calice que j'élève, votre regard plonge dans mon cœur ! Je ne sais si je suis digne d'amour ou de haine et cela est terrible. Dans cette incertitude effrayante, à qui aurai-je recours si ce n'est à vous qui êtes mon juge, mais qui êtes aussi « le Dieu de mon salut ». Je jette dans votre sein toutes mes inquiétudes : « J'espère en vous, je ne serai pas confondu (1). »

· (1) Les lecteurs qui voudraient étudier les questions relatives à la messe pourront consulter avec fruit l'ouvrage intitulé : *Le Drame éternel*, par M. le chanoine Breton, 1 vol. in-8° chez Lecoffre.

TABLE DES MATIÈRES

226-04. — Imp. des Orph-App. F. Blétit, 40, rue La Fontaine, Paris.